ニュースの政治社会学

メディアと「政治的なもの」の批判的研究

The Political Sociology of News:
Critical Studies on Media and the Political

Yamakoshi Shuzo
山腰修三

勁草書房

ニュースの政治社会学――メディアと「政治的なもの」の批判的研究

目次

はじめに　1

第Ⅰ部　ニュースの政治社会学とは何か

第一章　「ニュースの政治社会学」の現代的展開……9
1　ニュースメディアの現実構築機能　9
2　ニュース研究の系譜　13
3　ニュースメディアと「政治」の関係をめぐる研究の発展　21
4　「ニュースの政治社会学」の分析戦略の構想　34

第二章　ニュースの批判的研究の再検討……42
——「意味づけをめぐる政治」から「ニュースをめぐるメディア実践の政治」へ——
1　批判的コミュニケーション論と「意味づけをめぐる政治」　42
2　ニュースの言説分析　49
3　ラディカル・デモクラシーの言説理論における「実践」と「秩序」　58
4　ニュースをめぐるメディア実践の政治　68

第Ⅱ部　ニュースはいかなる政治的機能を果たすのか

第三章　原発事故をめぐるメディア経験の政治性……81
——チェルノブイリ原発事故報道の言説分析を中心にして——
1　原発事故をめぐる「危機」と「日常」　81
2　チェルノブイリ原発事故のメディア経験　86
3　対抗言説の編成と政治的意味作用の再活性化　97
4　社会秩序、政治的なもの、そしてニュースメディアの言説実践　115

第四章　沖縄問題をめぐるメディア言説と「境界線の政治」……121
1　戦後日本の「平和」と「沖縄」　121
2　沖縄問題の初期の展開と境界線の政治　128
3　沖縄ローカルメディアの「反基地」言説　133
4　「普天間基地移設問題」報道で展開される境界線の政治　142
5　デジタルメディア環境の中の沖縄問題と境界線の政治の行方　150

第Ⅲ部　ニュース文化はどのような危機に直面しているのか

第五章　「ポスト真実の政治」再考……159
　　——ニュースの政治社会学からのアプローチ——
1　ニュース研究の分析対象としての「ポスト真実」　159
2　フェイクニュースとポスト真実　164
3　ポスト真実の政治をめぐるメディア研究　172
4　ポスト真実の政治の批判的研究のために　182

第六章　現代日本におけるニュース文化のレジームとその「危機」……193
1　ジャーナリズムの「危機」　193
2　ニュース文化のレジーム　195
3　現代日本のニュース文化の危機の諸相　207
4　ニュース文化の再生に向けて　223

あとがき
引用・参照文献
索　引

はじめに

「ニュース」と呼ばれる情報は、現代の政治社会、とくに民主主義社会にとっていかなる価値や問題を有するのか。そして批判的なメディア・コミュニケーション研究はそうした価値や問題をどのように明らかにしうるのだろうか。本書はこれら二つの課題に取り組むことを目的としている。

以下、六つの章で理論と日本社会を主たる対象とした事例から探究を進める中で、次の点を論じていく。第一に、専門的組織を通じて生産されるニュースは、現代社会の民主主義のあり方と密接に関わる。そして社会秩序の形成・維持・変容のメカニズムに深く組み込まれている。第二に、ニュースは社会の価値観や利害関心を不可避的に反映しつつ社会的な「現実」を構築する。言うまでもなく、このニュースの表象をめぐる問題は批判的コミュニケーション論やニュース研究が長らく取り組んできたテーマである。ただし本書では、それが現代社会の民主主義のあり方と結びついている点が強調される。そして第三に、こうしたニュースと民主主義社会との関係性そのものが、現代的な危機に直面している。それはフェイクニュース、ポスト真実《トゥルース》の政治、あるいは既存のジャーナリズムに対する信頼の低下といった形で展開しつつある。この危機はニュースやニュースメディアをめぐる社会的認識の変容と関連するが、その要因はメディア環境の変化にとどまらず、政治的、経済的、社会的諸要素から複合的に構成されている。先に挙げたニュースの表象をめぐる問題が伝統的な問題系だとすると、このニュースやニュースメディアをめぐる現代的危機は、分析に際してこれまでとは異なる概念や理論が求められる新たな問題系だと言える。

本書は冒頭に挙げた二つの課題について、ニュースやニュースメディアと「政治」との関係性に注目することでアプローチする。この場合の「政治」は、議会、選挙、政策過程といった狭義のものではなく、権力関係や主体形成、社会秩序をめぐる広義の「政治的なもの（the political）」を指す。すなわち、第一にニュースが社会秩序の形成・維持・変容をめぐる力学や、政治的主体の構築をめぐる「境界線の政治」にどのように関わっているのかという問題である。第二に、ニュースの生産・流通・消費をめぐる「ニュース文化」が「政治」との関係でどのように制度化し、あるいは変容しつつあるのかという問題である。これらの問題に注目することで、ニュースと民主主義社会との関係性をめぐる独自の視点を提示する。

このようなアプローチを行ううえで、本書は従来のジャーナリズム論とは異なる理論や方法論を採用する。第一は、今日のデジタル環境を分析するメディアの社会理論の展開と連動した、ニュースをめぐるメディア実践に注目する点である。第二は、権力、実践、秩序に関わる政治理論を積極的に参照する点である。第三は、一部のメディア研究やニュース研究でも用いられてきた言説分析をラディカル・デモクラシーの言説理論を通じて修正、発展させることである。こうした理論や方法論の用い方は批判的コミュニケーション論で採用されてきたものと重なり合う。そしてそれを通じてニュースとは何かを明らかにするだけではなく、ニュースやニュースメディアが埋め込まれた現代の社会秩序や民主主義の特徴、矛盾、可能性を明らかにすることを目指す。

本書の概要は次の通りである。第Ⅰ部は本書の分析枠組みを構想するための理論的検討を行う。第一章では、「ニュースの政治社会学」の今日的な展開を論じる。ここでは既存のニュース研究やジャーナリズム研究の中でニュースメディアと「政治」との関係性がどのように捉えられ、分析されてきたのかを検討する。近年、「政治制度としてのニュースメディア」「政治のメディア化」「ハイブリッド・メディアシステム」などの諸アプローチによって研究が活性化してきた点を確認しつつ、「ニュースメディア」と「政治」の両概念がともに流動化し、それらが指し示す範囲を拡大させる中で、両者の複雑な相互作用を分析するための新たな視座が求められている点を指摘する。

第二章はニュースを分析するための方法論について検討する。その際に、批判的コミュニケーション論において発展してきた「意味づけをめぐる政治」というコミュニケーション概念を手がかりにする。とくに、「意味づけをめぐる政治」概念に基づく方法論の現代的展開として位置づけられる批判的言説分析がテクスト還元主義の傾向を持つために、ニュースと「政治」との複雑な相互作用を分析するうえで困難性や課題を抱えている点を指摘する。そしてこうした困難性や課題に対応するためにメディアの社会理論およびラディカル・デモクラシーの言説理論が展開してきた「実践」概念や「秩序」概念を参照し、「意味づけをめぐる政治」を「ニュースをめぐるメディア実践の政治」へと発展させる。

第Ⅱ部では、第Ⅰ部の理論的検討を踏まえ、ニュースをめぐるメディア実践が「政治的なもの」の構築、そして社会秩序の変容や維持において果たす機能を分析する。第三章は、日本におけるチェルノブイリ原発事故の報道、およびその後の脱原発運動に関する報道を事例とし、ニュースの政治的意味作用を分析する。ここでは前章で検討した分析枠組みに依拠しつつ、原発事故やその後の脱原発運動を通じて活性化した「政治的なもの」を制御・統制し、日常的な秩序を維持するニュースメディアの政治的機能を明らかにする。

第四章も引き続き、「ニュースをめぐるメディア実践の政治」に関する事例分析を行う。ここでは沖縄問題の報道について、境界線の政治という概念を用いながら分析する。そして沖縄問題をめぐる政治的主体の構築をめぐり、全国メディアとローカルメディアがそれぞれ異なる境界線の政治を展開してきたことを論じる。さらに近年はソーシャルメディアがこの「ニュースをめぐるメディア実践の政治」に新たな展開をもたらしている点を指摘する。

第Ⅲ部では、ニュースあるいはニュースメディアと民主主義との関係性をめぐる現代的危機について検討する。第五章は、ポスト真実の政治がジャーナリズムや民主主義にとっていかなる点において危機をもたらしうるのかを検討する。ポスト真実の政治はしばしばトランプ現象との関連から論じられてきた。その結果、メディア研究やジャーナリズム研究の領域では、このテーマがフェイクニュースや米国におけるメディア環境の問題へと還元される傾向がある。それに対して本章では、ポスト真実の政治をより幅広い民主主義の危機の問題として捉えるアプローチを参照する。そして日本におけるポスト真実の政治を「ニュースをめぐるメディア実践の政治」の観点からどのように捉えられるかを考察する。

第六章はジャーナリズムの現代的危機について、ニュース文化を手がかりに考察する。とくに、ラディカル・デモクラシーの言説理論およびメディアの社会理論におけるメディア実践概念を参照しつつ、「ニュース文化のレジーム」という分析概念を提示する。そして日本社会において、このニュース文化のレジームの危機がどのように進展してきたのかを明らかにする。この危機診断を踏まえて本章では最後にニュース文化の再生の可能性について理論的検討を行う。そして「声」および「聴くこと」というメディア実践が有する意義について試論を展開する。

各章の初出は次の通りである（ただしそれぞれ大幅な加筆・修正を行った）。

第一章　書き下ろし。

第二章　書き下ろし。ただし一部は「メディア・コミュニケーション研究と政治・社会理論——ヘゲモニー概念の展開とラディカル・デモクラシー」『マス・コミュニケーション研究』第九〇号、二〇一七年。

第三章「メディア経験としての『原発事故』——チェルノブイリ原発事故報道の分析を中心として」山腰修三編著『戦後日本のメディアと原子力問題——原発報道の政治社会学』ミネルヴァ書房、二〇一七年。

第四章「『包摂／排除』をめぐるメディアの政治的機能」大賀哲・仁平典宏・山本圭編『共生社会の再

構築Ⅱ――デモクラシーと境界線の再定位』法律文化社、二〇一九年。「沖縄問題と市民意識――『我々』意識の構築をめぐる『境界線の政治』とメディア言説」大石裕編著『戦後日本のメディアと市民意識――「大きな物語」の変容』ミネルヴァ書房、二〇一二年。

第五章 「ポスト真実と批判的コミュニケーション研究」『メディア・コミュニケーション』第七一号、二〇二一年。

第六章 「現代日本におけるニュース文化のレジームとその『危機』」『法学研究』第九三巻第一二号、二〇二〇年。「批判的コミュニケーション論における『政治的なもの』の再検討――N. Couldryのメディア理論を手がかりとして」『メディア・コミュニケーション』第六四号、二〇一四年。

第I部 ニュースの政治社会学とは何か

第一章　「ニュースの政治社会学」の現代的展開

1　ニュースメディアの現実構築機能

今日のメディア環境および政治的・社会的文脈において、「ニュースの政治社会学」はいかに成立しうるのだろうか。本章の目的は、この問いをニュースメディアと「政治」との関係性から検討することである。

改めて述べるまでもなく、ニュースやニュースメディアは「政治」と密接に関連するものとみなされてきた。それは、ニュースやニュースメディアが政治社会、とくに民主主義社会に対して大きな影響力を持つという前提に基づいている。ニュース研究やジャーナリズム研究は、マス・コミュニケーション研究の諸知見に依拠しつつ、ニュースメディアが社会に対して有する影響力、すなわち権力という観点からニュースを分析することの意義を提示してきた。ニュースメディアが社会に対して有する権力については次のようにまとめられる（McQuail 2013: 19. ただし一部文章を補った）。

・説得を通じた受け手の態度の変容
・世論の形成
・公的なイメージや評価に対する影響
・（投票、消費、動員といった）人々の行動に対する効果
・争点に関する公衆アジェンダの設定
・出来事に関する公的な解釈の形成
・公衆に対する情報の伝達と「一般的な知識」の構築
・ニュースやイメージのさまざまな形での「増幅」

このリストには、新聞読者やテレビニュースの視聴者の態度や行動に直接働きかける種類の影響力から、社会で共有される出来事や争点、人物に対するイメージの形成まで、多様な権力行使の類型が示されている。それでは、一連の権力（影響力）はいかなる根拠によって可能になるのであろうか。ジェームズ・ケアリーの有名なフレーズを用いるのであれば、それは「現実」が希少資源であるからにほかならない（Carey 2009: 66）。近代以降、社会の中で何が「現実」なのかを提示できる数少ない制度の一つがマス・メディアであった。つまり、希少資源としての「現実」へのアクセスに関して新聞社や放送局といったマス・メディアが特権的な地位を占めてきたために、ニュースメディアは政治社

会に対して大きな影響力を有すると理解されていたのである。

ニュース研究やジャーナリズム研究は、ニュースが政治的な「現実」を構築し、そうした「現実」が社会の中で広く共有される点に注目してきた。よく知られるように、このニュースを通じた「現実の構築」という考え方は、ニュース研究やジャーナリズム研究における古典の一つであるウォルター・リップマンの『世論』においてすでに示されている（リップマン 一九二二＝一九八七）。ニュースとは世界を正確に映し出す「鏡」ではない。社会の利害関心や価値観を反映しながら構築される情報なのである。社会の多数の人々は、自らとは直接関連しない政治的な出来事に関する情報をマス・メディアの生産するニュースに依存せざるをえなかった。換言すると、人々は政治的な「現実」へのアクセス手段としてニュースに大きく依存していたのである。したがって、ここに「政治」と密接に結びつくニュースメディアの権力性が存在することが了解される。加えてニュースが提示する「現実」には社会の利害関心や価値観が凝集されているという点もまた、政治社会の分析とニュースの分析とを結びつける視座を提供する。つまり、ニュース研究やジャーナリズム研究は、ニュースの生産・伝達・消費過程の分析を通じて、あるいはニュースそのものの分析を通じて社会の価値観や（不可視の）権力を明らかにしようとしてきたのである。

このニュース研究における「現実の構築」テーゼは、少なくとも政治社会の分析という側面において、いくつかの困難に直面している。言うまでもなく、一つの要因はメディア環境の急激な変化である。ニュース研究に関する教科書を一九八三年以来、一〇回に渡り改訂してきたランス・ベネットは、二〇一六年の第一〇版を「大改訂版」だとした（Bennett 2016: ix）(1)。つまり、伝統的なマス・メディアと新たなデジタルメディアとの対立ないし緊張関係からニュースをめぐる諸問題を捉え直す必要が出てきたのである（Bennett 2016: xii）。新聞やテレビといったニュースの生産・流通を独占的に担ってきたマス・メディアのプレゼンスが低下し、インターネット上に新たなニュースメディアが登場しつつある。ブログやソーシャルメディアは従来の「ニュース」とは異なる形式で政治的情報を形成し、流通・拡散させている。このメディア環境の変化は、ニュースの分析を通じた政治社会の研究の前提を揺るがしている。すなわち、一連の研究は同一の、あるいは同じように生産されたニュースを社会の多数の人々が共有することで構築される「現実」を前提としていたのである。しかしながら現在、ニュースの消費者としての大衆は多メディア化によって断片化し、かつニュースの生産過程も多様化している。したがって、こうした視座が依然として有効なのか否かの検討が求められている。

もう一つの要因は、政治社会そのものである。近年、民主主義の「変容」「後退」あるいは「危機」がさまざまな形で指摘されるようになった（例えば、モンク二〇一八＝二〇一九）。とくに社会における対立や分断の進展が注目され、しばしばそれはポピュリズムとの関連で論じられる。周知の通り、近年「トランプ現象」に代表されるような社会を二項対立図式に分断し、一方を攻撃する「勧善懲悪」型の言説が各国で顕在化してきた（ミュデ／ロビラ・カルトワッセル二〇一七＝二〇一八、ムフ二〇一八＝二〇一九）。注目すべきは、こうしたポピュリズムの言説戦略がしばしば主流ニュースメディアを敵対勢力に位置づけ、そうした手法に対して世論が支持をする構図がみられる点である。その背景としては主流ニュースメディアに対する不信感に加え、ソーシャルメディアやインターネット上のオルタナティブ・ジャーナリズムに対する期待が挙げられる。その結果、「主流ニュースメディア対ソーシャルメディア」といった二項対立図式がポピュリズム政治と結びつきながら成立する。トランプ現象が示すように、それは伝統的なニュースメディアの正統性が掘り崩されるという帰結を生み出した。こうした社会における対立や分断の進展もまた、「現実」を一枚岩的に共有させるというマス・メディアが担ってきた社会統合の機能を揺るがしている。(2)

だが、「現実の構築」テーゼが直面している困難性は、逆説的にもニュースメディアと「政治」をめぐる関係性の特定の形態が、社会における「現実」の構築を可能にしてきたことを示している。そしてこの関係性こそが「現実の構築」だけでなく、ニュースの生産や消費に関するさまざまな実践、あるいはニュースメディアの特定のあり方や機能の基盤なのである。したがって、一連の実践を可能にするニュースメディアと「政治」の関係性を捉える視座の構想がニュースの政治社会学の現代的課題だと言える。以下ではこれまでの研究の中で両者の関係がどのように捉えられてきたのかを批判的に再検討する。まずはそれに取り組む準備作業として、ニュース研究の基礎概念を整理したい。

2　ニュース研究の系譜

2―1　ニュース研究の基礎概念

(1) ニュース研究の特徴

ニュース研究の特徴とは何か。換言するとそれは、同様にニュースメディアと「政治」との関係性に注目する政治コミュニケーション研究やマス・コミュニケーション研究との違いを明らかにすることでもある。

とはいえ、「ニュース研究」ないし「ジャーナリズム研究」と「政治コミュニケーション研究／マス・コミュニケーション研究」とを厳密に区分することは難しい。周知の通り、これらを包含したメディア・コミュニケーション研究全体が戦後長らく、マス・コミュニケーション研究の効果論という「支配的パラダイム」の影響を強く受けてきたからである（マクウェール 二〇〇五＝二〇一〇：八〇–八四）。すなわち、ニュースが社会の中でどのように伝達され、あるいは人々の行動・態度・認知に影響を与えてきたのかがニュースメディアと「政治」の関係性をめぐる中心的な問いであった。

無論のこと、ジャーナリズム研究やニュース研究は効果論に還元されるものではない。そしてその効果論に還元されない側面こそがジャーナリズム研究およびニュース研究の固有性にほかならない。それは第一に、両者はニュースの生産過程、あるいは生産過程と消費過程の関係性に分析の主眼を設定している点である。そして第二に、ニュースの生産が行われる政治的・社会的文脈を強く意識する点である。換言すると、ニュースおよびニュースメディアが社会の中でいかなる役割を果たしているのか、という点だけでなく、それらが社会からいかなる影響を受けるのか、という点も分析の対象とするのがジャーナリズム研究やニュース研究の独自の視点だと言える（大石 二〇〇五、二〇一四）。

それでは、ニュース研究とジャーナリズム研究との差異はどこにあるのだろうか。両者は重なり合う部分が多いが、ジャーナリズムが「ニュースの生産と関わる諸実践およびその原理」（Zelizer and Allan 2010: 62）と定義されるように、一般的にジャーナリズム研究はニュースの生産をめぐる専門的実践を対象とする。他方でニュース研究の対象にはニュースの生産過程のみならず、ニュースの消費や利用といったより広範な実践が含まれる[3]。

（2）ニュースの生産過程の諸相

ニュースは「一定の割合の公衆の間で共有された公共の利益、ないし公的な関心に関連する話題をめぐる新たな情報」と定義される（Stephens 2007: 4）。この定義からも明らかなように、社会の中で生じた出来事の中から人々の利害や関心に関わると判断されたものを選択し、さらには選択した出来事の特定の側面を強調しつつ編集したものがニュースである。この「選択」と「編集」こそがニュースの重要な特徴であり、これらは何を包摂ないし排除するのかをめぐるニュースの政治的機能とも関わっている（Gitlin 1980）。

通常、ニュース研究やジャーナリズム研究において選択や編集の過程は「ニュース・バリュー」という概念によって説明される。ニュース・バリューは「ニュース・ストーリーの選択・構成・提示において用いられる専門コード」（O'Sullivan et. al. 1994: 201）とも定義されるが、重要なのは、それがジャーナリストが内面化しているインフォーマルな判断基準として理解される点である。すなわち、ジャーナリストはさまざまな出来事の意味や重要性に関する暗黙の前提、そしてニュースの消費者および社会全体の利害関心に関する予想をもとにニュースを価値判断しているのである（McQuail 2013: 15）。

また、この定義からも明らかなように、ニュース・バリューはジャーナリズムの主要な専門文化と考えられてきた。専門文化としてのニュース・バリューは、ニュースの生産実践に関わるアクターや組織の間で幅広く共有されている。さらに、ある程度普遍性を伴ったニュース・バリューはジャーナリズムの組織や制度を超えて社会全体の中で共有される支配的価値観と重なり合う場合もある（大石二〇〇五、二〇一四）。

ニュースの生産過程の研究は、マクロな政治社会との関係よりも、ニュースメディア組織内のメカニズムに主たる関心が向けられてきた。出来事をニュースへと変換する過程において選択や編集を担う、例えばデスクなどの「ゲートキーパー」の研究がこうした分析の嚆矢とされる（White 1950; Zelizer 2004: 52-53）。ゲートキーパーの研究は、現代社会において、ニュースの生産は個々のジャーナリストによって担われているだけでなく、ニュースメディア内部での組織的な分業体制のもとで行われているということを示している。ニュースは専門的な組織の中で生産されるものであり、一定の品質を備えた「商品」としてのニュースが日常的に大量生産されているのである。

その後、一九七〇年代ごろからニュースの生産過程に関する社会学的研究がエスノグラフィーなどの方法論を取り入れることで大きく進展した（Zelizer 2004: 64-66）。とくにこの展開の中では、ニュースの編集過程における（例えばデスクと現場の記者とのやり取りのような）せめぎ合いのみならず、取材体制や取材過程に研究の主眼が向けられるようになった。注目すべきは、ニュース・バリューに応じて取材体制が構築されていることが指摘された点である。例えば日本の記者クラブは首相官邸、国会、官公庁、県庁といった政治の「中心」、あるいは警察署などの事件・事故に関する情報が集中する場所に重点的に設置される。こうしたアプローチの代表的な研究者であるゲイ・タックマンは、一連の取材システムの特徴を「ニュースの網」と表現している（タックマン 一九七八＝一九九一：三二、三四）。

このメタファーはきわめて示唆的である。すなわち、「ニュースの網」という表現は、一定のニュース・バリューを有する出来事を掬い取る仕組みを意味するだけでなく、網の目から零れ落ちる出来事の存在も示しているからである。タックマンは、取材体制が確立した領域でニュースがどのように生産されるのかを分析する一方で、米国における初期の女性運動のように、当初その重要性が十分に認識されず、取材体制も確立していない対象がニュースになりにくい原因もこうした観点から分析している（タックマン 一九七八＝一九九一：一八六―一八七）。

そしてニュースの網を通じたニュースの生産は、「現実の構築」という観点からも重要な知見を提供している。それは、ニュースの網が社会の支配的価値観を再生産する機能を果たしうるという点である。なぜならば、取材拠点は既存の制度化され、正統性を認められた組織に設置され、そうした組織や人物の発信する情報を通じてニュースが生産されるからである。とくにこれまでも論じてきたようにマス・メディアによって担われるニュースの生産は組織的に行われ、かつ社会の不特定多数に向けて発信される。したがって、マス・メディアのジャーナリズムが構築する政治的「現実」は多くの場合、社会の支配的価値観と結びついている。そしてこのような政治的「現実」の構築過程を分析するうえで、ニュースメディアの組織的特徴やニュースの生産過程は重要な研究対象とみなされたのである。

2-2　ニュースメディアの社会学的研究における「政治」の位置づけ

それでは、ニュースの生産・消費過程およびニュースメディアのあり方や機能の基盤となるニュースメディアと「政治」の関係性はどのようなものとして捉えられてきたのだろうか。例えばニュースやジャーナリズムに関する研究で古典とされる『ニュースメディアの四理論（*Four Theories of the Press*）』は、「プレス（＝ニュースメディア。引用者、以下同様）は常にそれが活動している社会の、社会的政治的構造に応じた形態をとり、色あいをおびている」という前提に立ち、比較政治的な観点から自由民主主義社会におけるジャーナリズムを論じた（シーバートほか一九五六＝一九五九：一二）[4]。この見解は、民主主義がどのようにニュースメディアのあり方を構築しうるのか、換言すると「政治」がいかにニュースメディアの活動を可能にするのか、という問いに対して政治理論や民主主義政治の現状分析から取り組む視座を提示している。しかしながら、こうした視座からの研究はその後、長らく本格的に展開しなかった。先述の通り、ニュースメディアのあり方は、社会学的な視座から研究が蓄積され、理論的体系化が進展してきたのである。

例えば社会学的なニュース研究のアプローチについて、次の三つの類型化がなされたことがある（Schudson 1989, 2002; 大石 二〇〇五：五一–五九）。

政治経済学的アプローチ：ニュースの生産を国家構造や経済構造、あるいはニュースメディア組織の経済的基盤と関連づけるアプローチである（Schudson 2002: 251）。理論的な系譜としては、マルクス主義からの影響を強く受けており、資本主義システムにおいて、支配階級による「道具」としてマス・メディアを位置づける傾向にある。他方で近年は新自由主義の進展やグローバル化、技術革新による諸影響も広く分析されている。

社会組織的アプローチ：このアプローチは、ニュースメディアの組織的特徴がニュースの生産にいかに作用するのかを分析する。すなわち、記者と情報源との関係、記者と編集者（例えばデスク）との関係、あるいは、取材体制の仕組みといった諸相を参与観察などの社会学的手法を通じて記述していく点に特徴がある。このアプローチの特徴は、ニュースメディアの組織的特徴を「制約要因」とみなす点である（Schudson 1989: 274）。例えばニュース・バリューは組織的に形成され（ジャーナリストは組織の中で「社会化」される）、その結果、組織に所属するジャーナリストの生産するニュースは多様性を失い、均質化する。また、こうした制約要因を通じてニュースメディアは「現実」を組織的に構築すると理解される。

文化的アプローチ：ニュースの社会的構築という視座は社会組織的アプローチと共有しているが、組織の構成員の相互作用よりも広範な象徴体系とニュース生産との関係性に焦点を当てたアプローチである（Schudson 1989: 275 参照）。文化人類学などの知見を活用しつつ、詳細な歴史的分析を通じてニュースの生産過程やニュースの形式的特徴を分析するものの、そのアプローチは必ずしも体系化されていないとされる。

本章の関心から問われるべきは、これらのアプローチにおいて「政治」がどのように位置づけられているのか、という点である。一見すると、政治経済学的アプローチは「政治」と密接に関わっているような印象を持つ。しかし、このアプローチはマルクス主義にしばしばみられる経済還元主義や階級還元主義の傾向が強い。一連の議論では、支配階級や支配的な経済システム（すなわち資本主義）によるニュースの生産・消費過程への一枚岩的かつ一方向的な権力行使が想定されており、「政治」のダイナミクスを分析することを困難にしていると言える。いわば、「政治」は二義的なもの、経済に従属するものとして位置づけられているのである。

それに対して、社会組織的アプローチでは政治家や官僚などの政治エリートが有力な情報源とみなされてきた。政治経済学的アプローチが政治エリートを支配階級と位置づけ、ニュースメディアをそうした階級の支配のための「道具」とみなすのに対し、社会組織的アプローチでは情報源としての政治エリートと記者との相互作用の分析に力点が置かれる。ただし、このアプローチでは政治過程や政治制度の特徴に主たる関心はなく、ニュースメディアの組織的特徴に分析の主眼が置かれている。換言すると、ここでもニュースメディアと「政治」の関係性をめぐる固有のパターンや特徴は中心的な分析対象としては位置づけられてこなかったのである。

このように、ニュース研究、ジャーナリズム研究の主流アプローチを形成してきたニュースの生産過程をめぐる社会学的な研究は、政治体制や情報源としての政治エリートといった要素を前提としつつも、ニュースの生産や消費のあり方を規定するニュースメディアと「政治」の関係性をめぐる分析は長い間体系化されてこなかった。こうした背景には、選挙報道や政策報道の分析を通じた政治過程とメディアとの関係の研究を積極的に行ってきた、政治コミュニケーション研究やマス・コミュニケーション研究といった近接領域との「棲み分け」が挙げられよう。ただし、政治コミュニケーション研究やマス・コミュニケーション研究において中心的な位置を占めてきた効果研究は、ニュース内容の意味構築をめぐる政治的・社会的力学や、その過程における政治的アクターとニュースメディアとの相互関係について問うものではない。いわば、それらの過程や関係性は所与のものとみなされてきたのである。

3　ニュースメディアと「政治」の関係をめぐる研究の発展

3-1　政治制度としてのニュースメディア

(1) ニュース研究における制度論的アプローチの特徴

ニュース研究におけるニュースメディアと「政治」との関係性をめぐる議論に転機が訪れたのは一九九〇年代後半から二〇〇〇年代にかけてであり、その時期から政治的諸関係の中からいかにニュース生産が可能になるのかが積極的に問われるようになった。

例えば二〇〇四年に出版されたダニエル・ハリンとパオロ・マンシーニの *Comparing Media Systems* は出版から約半世紀を経た「ニュースメディアの四理論」に再び注目し、それを発展させた研究として知られる。この研究は、「政治システム」と「メディアシステム」の相互関係に焦点を当てつつ、北米およびヨーロッパの一八か国を比較分析したものである。よく知られるように、ハリンらは通常

「自由民主主義」という一つのカテゴリーに包摂される国々におけるニュースメディアの多様性を「発見」した。ハリンたちはそれらを「リベラルモデル」「民主的コーポラティズムモデル」「分極的多元主義モデル」に類型化している（Hallin and Mancini 2004: 67）[5]。本章との関連において重要なのは、ニュースメディアのあり方を政治システムの諸特徴が規定するというこの研究の視座である（Hallin and Mancini 2004: 46）。ただし、ハリンらの議論も、そして先述の「ニュースメディアの四理論」も「政治」がニュースメディアのあり方を一方向的に条件づけるという一種の決定論的な傾向を有している点に留意する必要がある。

*Comparing Media Systems*で示された視座が同時期のニュース研究やジャーナリズム研究で広く受け入れられるようになったことは、前節で概観した社会学的なニュース研究のアプローチの類型の変化でも示唆されている。マイケル・シュドソンが*Media, Culture and Society*誌上で、先に挙げた「政治経済学的アプローチ」「社会組織的アプローチ」「文化的アプローチ」の三類型のアイデアを最初に提唱したのは一九八九年のことであった。この論文は*Mass Media and Society*という論集に収録され、同書の改訂に伴い繰り返し修正が加えられる。注目すべきは、二〇〇五年に出版された第四版から「政治経済学的アプローチ」が「政治」と「経済」に分割され、「四類型」になった点である（Schudson 2005）[6]。この変化は、ニュースの生産をめぐる社会学的な研究の中でも「政治」が固有の分析対象として強く意識されるようになったことを示している。

一連の変化は、従来の効果論とは異なる形でニュースメディアと「政治」との関係性を捉えようとする政治コミュニケーション研究の動向とも連動していた。それは「政治制度としてのニュースメディア」というアプローチの確立につながった（Cook 1998; Schudson 2002）。[7] このアプローチはニュースメディアと「政治」の関係性を「制度」という視座から捉える点で画期を成している。

ここで制度は「相互に関連づけられた規則とルーティンの集合体」と定義され、そうした規則やルーティンの集合体が「役割と状況との関係を基準にして適切な行為の範囲を規定している」と理解される（マーチ／オルセン 一九八九＝一九九四：二三五。訳一部変更）。ニュースメディアを「制度」として捉える際に、以下の三つの特徴が挙げられる（Cook 1998: 66-70 参照）。

暗黙の手続き・ルーティン・前提：ニュースは暗黙のルーティンや規則に従うジャーナリストによって組織的に生産される。これらのルーティンや規則はジャーナリストの多様なニュース生産の可能性を制約する側面がある。しかし他方で、これらのルーティンや規則が存在するがゆえにニュース生産が可能になるという側面も併せ持つ。

時間的な持続性と組織を超えた拡張：ニュースメディアは何がニュースになるのか、どのようなニュース・ストーリーとして提示するのが適切なのかといった点に関する不確実性を低減させようとし、他社や組織内部での相互参照や過去の先例の踏襲を繰り返す。その結果、ニュース生産の諸実践やニュース内容は個々の組織を超えた共通性を有するようになる。

社会的・政治的領域において果たす特定の役割：今日の社会では、ニュースメディアは政府の情報を広範なオーディエンス（＝受け手）に伝達し、かつ解釈（解説）することが期待されている。こうした役割はジャーナリスト自身が認識し、また、政治的アクターやオーディエンスが期待するものでもある。

政治コミュニケーション研究者のティモシー・クックは、以上の特徴を踏まえつつ、「政治制度としてのニュースメディア」を次のように論じている（Cook 1998: Ch.5, 2006）。すなわち、情報源としての政治的アクターに集中したニュース生産過程の「制度化」の結果、ニュースメディアの多様性が縮減し、画一的な特徴を有するようになる。また、ニュース生産過程と政策過程との相互関係も制度化され、両者が密接に結びつく。その帰結として、ニュースメディアは特定の政治的出来事、アイデア、アクター、争点、状況に公衆の注目を促すことになる。ただし、情報源としての政治的アクターとジャーナリストはそれぞれ異なった規則に基づいて相互作用を行っており、必ずしも両者の利害が一致するわけではない。かくして政治制度としてのニュースメディアは、特定の価値の権威的配分に寄与しつつも公的な権力を強化する役割と弱体化させる役割の双方を果たしうるのである。

こうした「政治制度」としてのニュースメディアは、立法・行政・司法の三権よりも、政党や利益集団といった媒介的な制度に類似している。とはいえ、政党や利益集団は特殊な政治的目的の戦略的かつ集合的な追求のために形成され、維持されている点において、ニュースメディアとは異なるとされる（Cook 1998: 110）。このように、政治諸制度の中でもニュースメディアは特殊な位置づけにあると言える。

（2）制度論的アプローチの意義と問題点

このニュースメディアを政治制度として捉えるアプローチは、ニュースメディアと「政治」の関係性の分析に新たな視点を提供する。第一に、ニュースを情報源としての政治的アクターとジャーナリストとの「共同生産物」として捉えるアイデアの強調である（Cook 1998: 114）。ニュースはジャーナリストやニュースメディアが単独で作り出すものではなく、政治的関係の中で、政治的アクターとジャーナリストとの間の交渉や協調・競合・対立あるいは一方の他方への従属の結果、構築される。この考えは、ニュースを通じた「現実」の構築や、ニュースの選択や編集をめぐる判断基準（ニュース・バリュー）をめぐる既存の議論を、ニュースメディアと「政治」との相互作用の観点から再構成する。例えば政治をめぐって報道されるべき出来事、視点、あるいは価値観は政治的諸関係の中から持続的に形成されるのである。さらにそれは、「政治とは何か」という社会的認識や理解がこうしたニュースをめぐる政治的諸関係の中から定義づけられる側面があることも示している（Cook 1998: 86 参照）。

第二に、ニュースを生産するという過程だけでなく、ニュースメディアそのものが政治的諸関係の中から制度化する、という考えを提示した点である。クックは「制度とは長年続く、現在進行形の紛争や支配の結果体である」と論じている（Cook 1998: 66）。この記述は、ニュースメディアは政治的諸関係における対立や紛争ないし権力闘争の結果、特定の形態を伴って成立・発展する場合があることを示している。

例えば、歴史的制度論の観点から公共放送の政治的制度化の過程を分析してきたエリス・クラウスは、ＮＨＫについて「公式および非公式の『ゲームのルール』や諸関係のなかで生み出された歴史的産物であり、国家と他のマス・メディアによって構成された環境のなかで、時間をかけて発展してきたもの」であると論じている（クラウス 二〇〇〇＝二〇〇六：二九〇）。クラウスによると、イデオロギー対立が激化した一九五〇年代後半の日本の政治社会的な文脈の中でNHKは社会秩序を安定させる機能を期待され、政治的に制度化してきたという。そしてその後、五五年体制下の自民党政治との関係性の中でNHKはニュースメディアとして制度化され、政治的に「中立」とみなされるようなテレビニュースの様式を確立した。この分析は、個別のニュースメディアが有する特定の政治的機能がいかに可能となったのかを「政治」との関係から説明しうることを示している。

以上のように、「政治制度としてのニュースメディア」は、社会学的なニュース研究の知見を有効に活用しつつ、ニュースメディアと「政治」との関係性という視座からニュース生産をめぐる諸実践のパターンや機能、そしてニュースメディアのあり方を分析する説明図式を提供してきた。

ただし、この分析視座が今日のニュースメディアと「政治」との関係性に対してどれほどの説明力を持つのかについては一定の留保が必要である。第一の問題は、「ニュースメディア」の捉え方に関わる。ここで想定されているニュースメディアは、新聞社や放送局といったマス・メディア組織、そしてそれを構成するプロフェッショナルのジャーナリストに限定されている。改めて指摘するまでもなく、デジタル化はニュースに関わるアクターやその実践の多様化をもたらした。このアプローチで十分に考慮されてこなかったニュースの受け手は今日ではデジタルメディアのユーザーでもある。そしてある場面では事件や出来事の現場で動画を撮影し、ニュースの素材を提供し、別の場面では特定のニュースを共有・拡散させ、あるいは批判・攻撃する存在となり、一連の実践を通じてニュースの生産・流通過程に影響を与えるようになった（Allan 2013参照）。政治的アクターもまた、ソーシャルメディアを通じて有権者や一般公衆に対して直接メッセージを伝達できるようになり、政治コミュニケーション戦略、そして主流ニュースメディアとの関係を変容させている（逢坂 二〇一四。本書第六章も参照のこと）。このように、ニュースメディアはニュース生産のルーティンを共有する一枚岩的な主体と捉えることが難しくなり、「政治」との関係性も多様化、複雑化、そして流動化しつつある。

第二の問題は、「政治制度」の捉え方に関わる。この分析視座における政治制度およびその担い手は議会、政党、官僚といった「公式の」アクターや組織に限定されている。これは「政治」という概念それ自体の捉え方にも関わってくる。つまり、このアプローチでは「政治」は既存の諸制度から構成された狭義のものとみなされている。その一方で今日の政治状況はポピュリズム現象やソーシャルメディア上で展開する種々の抗議活動が示すように、政治に関わるアクターが複数化し、また、既存の政治諸制度そのものに対する不信や不満が増大しつつある。いわば、自由民主主義の安定性を基盤として成り立つこの議論が、「政治」の領域の拡大と民主主義の危機が指摘される今日的文脈においてどれほどの説明力を持つかが問われている。

そして第三はニュースメディアと「政治」の関係性の捉え方に関わる。つまり、「政治制度としてのニュースメディア」というアプローチは、ニュースメディアを所与の政治諸制度の一部に組み込む、という理論的前提に基づいているのである。先述の通り、このアプローチはニュースメディアと「政治」の相互関係という捉え方を提示し、それゆえニュースメディアが政治的諸関係の構造やシステムによって構築されるというかつての「ニュースメディアの四理論」やそれを発展させた*Comparing*

*Media Systems*の決定論的なアプローチと異なる独自性を有している。しかし、ニュースメディアをすでに確立された政治諸制度の一部とみなしているためにこの独自性を十分に活かせず、ニュースメディアが「政治」のあり方に影響を与え、変容させうるという観点を後景に退かせている。さらに、ニュースメディアを固定化された狭義の「政治」の一部に位置づけることによって、ニュースメディアと政治をめぐる現代の流動的な状況の説明を困難にしているのである(8)。

3-2 「政治のメディア化」をめぐる研究の展開

「政治制度としてのニュースメディア」と並ぶ、ニュースメディアと「政治」の関係性を捉える現代的な視座が「政治のメディア化(mediatization of politics)」である。この概念も政治コミュニケーション研究のみならず、ニュース研究やジャーナリズム研究で積極的に参照されるようになった。「政治のメディア化」は、「メディアによって媒介された政治(mediated politics)」とともに、一九九〇年代後半ごろから主として政治コミュニケーション研究の中で論じられてきた(Graber, McQuail and Norris 1998; Bennet and Entman (eds.) 2001)。とくに近年は、「メディアの論理」と「政治の論理」という二つの概念を用いたアプローチが注目されている(シュトレムベック/エッサー 二〇一四=二〇一八)。そこではメディアの論理が「政治」に浸透し、そのあり方を変容させる点が強調される。いわば、先行する諸議論に共通していた「政治」がニュースメディアのあり方を規定するという視座とは反対方向に作用する影響力をめぐる研究と言える。

したがって、このアプローチにおいては、まずはメディアの論理をどのように理解するかが鍵となる。今日の「メディアの論理」をめぐる研究動向に影響を与えたデイビッド・アルシードとロバート・スノウはこの概念を次のように定義する。

メディアの論理はコミュニケーション、すなわちメディアが情報を提示し、伝達する過程に関する形式から構成される。この形式の要素には多様なメディアおよびこれらのメディアが用いるフォーマットが含まれる。フォーマットは、伝達される情報の素材が組織化される方法、それが提示されるスタイル、行動の特定の側面の焦点化や強調の方法、そしてメディア・コミュニケーションの文法などから成り立っている。フォーマットは現象を解釈し、あるいはそれを提示する際に用いられる枠組みや視座となる（Altheide and Snow 1979: 10）。

メディアの論理はきわめて包括的かつ抽象的な概念のため、正確に何を意味するのか、という点そのものがしばしば論争となる（クドリー 二〇一一＝二〇一八：二二五）。近年では「フォーマット」に関わる規則や文法のみならず、メディア実践そのものがメディアの論理に含まれるとも論じられている（Lundby 2009: 114）。また、メディアの論理とは、社会のさまざまな領域に普遍的に適用される単一の原理ではない、という理解が次第に共有されるようになった（Lundby 2009: 114; クドリー 二〇一一＝二〇一八：二二五）。その結果、「教育」「宗教」「芸術」など、それぞれの領域の「メディア化」に関わる多様な「論理」が存在すると考えられるようになり、そうした研究の有力な対象の一つが「政治のメディア化」であるとされる。

この「政治のメディア化」の研究の中でもニュースメディアと「政治」との関係性をめぐる本章の問題関心と密接に関わる議論が、「ニュースメディアの論理」と「政治の論理」との相互作用をめぐる分析枠組みである。政治との関係性における「ニュースメディアの論理」は、政治現象を解釈し、報道する方法に関わる（Esser 2013: 166 参照）。すなわち、ニュース・バリューや客観報道主義のような専門文化は、ニュース生産過程で作用する規則やパターンとしてこの論理を形成する（Esser 2013: 170）。また、政治現象を「現実」として表象する技法や規則もこの論理に含まれる（Meyer 2002: 28-32）。さらに、経済的要因や技術的特性もニュースメディアの論理を構成することになる（Esser 2013: 171-174）[9]。

他方で「政治の論理」は政治的諸実践を規定するコードや規則、原理を構成要素とする。この議論においては、政治の論理は「政治戦略」「政策」「政体（polity）」の三つの次元の相互作用から成り立つとされる（Meyer 2002: 13; Esser 2013: 164-166）。「政治戦略[10]」は権力や支持を獲得するための規則や原理の次元を指す。すなわち、政治的な疑似イベント、イメージ政治、象徴政治などである。「政策」は文字通り政策過程に関わるものであり、政策形成や決定、実施の諸段階を規定する制度的な規則や原理を指す。「政体」はより広範な政治過程を統制する諸規則の体系であり、民主主義の制度的構造を基礎づけて政治的アクターの行為を規定するものである（Esser 2013: 165）。

これらの概念を踏まえつつ、ニュースメディアと「政治」の相互関係が四つのレベルから構成される。それぞれのレベルでは、「政治」のニュースメディアへの依存度、あるいは政治の論理とメディアの論理のどちらが支配的か、が問われる。第一のレベル（「情報源」）は、政治に関わる情報源としてのニュースメディアへの依存度をめぐるものである。第二のレベルは「メディアの自律性」である。ここでは、ニュースメディアが政治的諸制度に従属している程度が問われる。第三のレベルは「メディア諸実践」である。ここでは、ニュースメディアのコンテンツが政治の論理とメディアの論理のどちらから影響されているのかが問われる。最後の第四のレベル（政治的諸実践）は、政治的アクター、組織、制度が政治の論理とメディアの論理のどちらから影響されているのかをめぐるものである（シュトレムベック／エッサー 二〇一四＝二〇一八：一一七）。

とはいえ、「政治のメディア化」という名称がまさに示すように、これらの研究ではニュースメディアの論理が政治の論理に影響を与える過程が強調される。ここでは一連の過程を「政党民主主義」から「メディア民主主義」への変容とみなし、さらにそれを「マス・メディアによる政治の植民地化」と呼んだトマス・メイヤーの議論を参照する。メイヤーによると、「政治のメディア化」の典型として、「劇場化」が挙げられる（Meyer 2002: 65）。テレビニュースの発達、あるいはそれと連動しながら展開するニュースの娯楽化は、政治的アクターや政治的出来事を「劇場」のフレームによって意味づけ、解釈する傾向を促進させた。なお、この場合の「フレーム」とは、特定の意味づけや解釈のパターンに基づいて、報道する出来事や争点の諸要素を選択、強調、排除しながらニュース・ストーリーを組織化する原理を指す。

重要な点は、このニュースメディアの論理である「劇場」フレームが、ポピュリズムの政治戦略や政策に影響を与える側面である。よく知られるように、二一世紀初頭の小泉純一郎政権が展開した「劇場型政治」は、「プロフェッショナルな政治家や官僚を政治・行政から『甘い汁』を吸う『悪玉』

として、自らを一般国民を代表する『善玉』として描き、その両者の間を勧善懲悪的ドラマとして演出する」ポピュリズム政治の一形態とみなされている（大嶽 二〇〇六：二）。この政治手法はすでに定着し、ポピュラーな形式となっていた民放のニュース番組やワイドショーの論理――すなわち「劇場」フレーム――を組み込むことで成立していたと考えることができる（逢坂 二〇一四：二九四-二九五参照）。メイヤーは、このような形で進展するメディアによる「政治の植民地化」が、政党政治を中核とした政治諸制度と公衆との間の媒介システムの衰退のみならず、民主主義的な熟議および政治参加の周縁化をもたらすと批判的に捉えている（Meyer 2002: 139）。

以上のように、このアプローチは「論理」という意味作用的な次元からニュースメディアと「政治」の関係性を捉えている。さらに、ニュースメディアと「政治」をそれぞれ三つの次元に階層化し、メディアの論理が政治の論理のどの次元に影響を与えているのか、といった体系的な方法論を提示している。それによって、例えばポピュリズム的なメディア政治がどのようなニュースメディアと「政治」の関係性に基づいて成立しているのかを説明することができる。こうしたアプローチは今日的なニュースの政治社会学の視座を検討するうえで示唆に富む。

とはいえ、このアプローチもまた、ニュースメディアと「政治」の関係性という観点からはいくつかの困難性を有している。第一に、「政治のメディア化」に分析の主眼が置かれているため、ニュースメディアが「政治」のあり方を規定する側面が強調され、――「政治制度としてのニュースメディア」の議論とは反対に――「政治」がニュースメディアのあり方を規定する側面は後景に退くことになる（Chadwick 2017: 24 参照）。さらにこの「政治」に対するニュースメディアの影響が単線的・一方的なものとして捉えられている点は、相互作用という観点からの分析を困難にしている（クドリー 二〇二一＝二〇一八：二四三）。

第二に、ニュースメディアと「政治」との関係性の基盤となる「論理」という概念自体が曖昧な点である（Lundby 2009; クドリー 二〇二一＝二〇一八、Chadwick 2017）。とくにニュースメディアの論理以上に政治の論理は十分に洗練化されているとは言い難い。分析枠組みとしては政治の論理は「政治戦略」「政策」「政体」の次元に階層化されている。しかし、実際の分析において、ニュースメディアの論理が「政治戦略」に対して与える影響が焦点化され、その一方で「政体」に対してはほとんど影響を与えない、とされる（シュトレムベック／エッサー 二〇一四＝二〇一八：一二三、一四一）。

さらなる問題は、政治の論理が想定する対象の範囲の狭さである。三つの次元はいずれも制度的なレベルに限定され、より幅広い民主主義社会における文化的次元、すなわち政治文化は含まれていない。例えばトランプ現象のようなポピュリズムがポスト真実を生み出す状況を想定してみたい。この場合、ポスト真実は政治文化の次元において特定の論理を形成する。そしてこの論理がソーシャルメディア上でニュースメディアに対する不満や敵意を増幅させ、ニュースの生産過程やその正統性に影響を与えるとき、それは政治の論理がニュースメディアのあり方を規定することになる。

そしてこの事例は政治の論理の対象を拡張するだけでなく、メディアの論理もニュースメディアの制度的次元に還元されない幅広いものとして捉えることを要請する。ポピュリズム政治の過程では、ソーシャルメディアは多様なアクターによって活用される。つまり、ニュースメディアも含めた「メディア」の領域の内部では複雑な相互作用や対立関係が生じる。ここで展開するニュースメディアとポピュリズム政治との関係は、相互作用的で重層的なものとなる。このような複雑な関係性を分析するために、「論理」を分析概念としてさらに発展させる必要がある。

4 「ニュースの政治社会学」の分析戦略の構想

4-1 「メディア」概念の拡張とハイブリッド・メディアシステム

本章は、ニュースの政治社会学の今日的視座を構想するために、ニュースメディアと「政治」の関係性に注目するアプローチを検討してきた。両者の関係性を「制度」や「論理」から捉えるこれらのアプローチは、ニュースをめぐる諸実践やニュースメディアのあり方、政治的機能がどのように成り立つのかを説明するうえでそれぞれ利点と困難性を有していることが明らかになった。

したがって、新たな分析視座を構想するうえで一連のアプローチの知見を参照しながらそれらをさらに洗練化ないし操作化する必要がある。それはニュースメディアや「政治」の諸次元を構成する概念をどのように拡張するか、そして両者の関係をどのように捉えるか、という問いに対して取り組むことである。

これまでの議論からも明らかなように、ニュースメディアはもはや、マス・メディアに限定できない。また、ニュースをめぐる諸実践に関与するアクターも専門的なジャーナリストだけではない。例えば今日のニュースの生産・流通・消費の諸過程でジャーナリストとネットユーザーでもあるニュースの受け手がそれぞれどのような実践を通じて関わっているのかを考えることが重要である。ここにはニュースの「生産」だけではなく、「拡散」「共有」「再編集」「批判」といった実践も含まれる。こうした点に基づいてニュースに関わる「メディア」概念を拡張する必要がある。

注目すべきは、メディア環境や政治状況の変化に対応しつつ、「システム」の観点からニュースメディアと「政治」の流動的かつ複雑な相互関係を説明・記述するアプローチが発展してきたことである。この点から興味深いのが、政治コミュニケーション研究の領域で近年提起された「ハイブリッド・メディアシステム」の分析視座である。

「ハイブリッド・メディアシステム」は、メディア環境の変化が政治コミュニケーションのあり方に与える影響を説明する概念である（Chadwick 2017: 3）。この概念は、従来よりも幅広いメディアをめぐる関係性に注目し、それによってニュースに関する複雑な相互作用を捉えようとする。一つは、マス・メディアのニュース生産に代表される伝統的な実践と、ソーシャルメディアに代表される新しい実践との相互作用である。それは新しいメディア技術がニュースをめぐる伝統的な実践を作り変える、といった技術決定論的なものではなく、両者が「混じり合い、重なり合い、かみ合い、ともに発展する」相互作用的なものとみなされている（Chadwick 2017: 4）。もう一つは、政治コミュニケーションをめぐる政治的アクター、メディア、そして公衆との相互作用である（Chadwick 2017: 4）。ここではそれぞれのアクターが担う実践がより一層複雑化、多様化する中で互いの実践に影響を及ぼし合う様態に焦点が当てられる。これら二つの相互作用の次元により、ニュースメディアと「政治」の関係性をめぐる分析はその枠組みを拡張させることになる。

この分析アプローチによると、政治ニュースの生産もまた、デジタル環境におけるメディアと「政治」の関係性からハイブリッドな性質を帯びるようになり、その結果、ニュース生産をめぐる制度化された諸実践（ここでは「ニュースのサイクル」と呼ばれる）がより広範かつ複合的な「政治情報のサイクル」と呼ばれる諸実践へと変容しつつあると言う（Chadwick 2017: 72）。「政治情報のサイクル」は、伝統的なニュース生産過程にこれまで以上に多くの多様なアクターや相互作用が含まれるようになったことを説明する概念であり、同時に、放送や新聞といった伝統的なニュースメディアがオンライン上のさまざまな行為や情報を自らのニュース生産実践に取り込み、統合させている様態を説明するものでもある（Chadwick 2017: 74-75）。

ここで注目すべきは、第一にニュースメディアと「政治」との関係性が対立や矛盾を内在させつつ構築されると認識されている点である。

ハイブリッド化とはしたがって、統合化と断片化とが同時に生じる過程である。競合し、矛盾する諸要素は一つの有意味な全体を構築する。だが、それら諸要素の持つ意味作用は決して全体に還元されることはなく、あるいは完全に個別のものとして分解されることもない。異質な諸要素から構成されるハイブリッド性は、非日常的な変容、偶発性、交渉可能性が生じる間に展開される権力闘争や卓越性をめぐる競合の結果、構築されるものである。時間の経過とともに、これらのハイブリッドな諸実践は固定化、沈殿化し始める。そして以前は非日常的な、過渡的なものとみなされていたものが、新たな構造的配置の一部とみなされるようになる。だが、この新たな配置は決して完全に固定化されることはないのである（Chadwick 2017: 18）[11]。

第二に、「ハイブリッド性」という観点からニュースメディアと「政治」との関係性が弁証法的に捉えられている点である。それは両者の相互作用が特定の関係性を構築し、それがさらなる相互作用を可能にする、という考え方にほかならない。ニュースメディアが「政治」のあり方を規定し、同時に「政治」がニュースメディアのあり方を規定する、というこの視座は、従来のアプローチが抱えていた政治還元主義的な傾向（例えば「政治制度としてのニュースメディア」）やメディア還元主義的な傾向（例えば「政治のメディア化」）を克服する可能性を持つと評価することができる（Chadwick 2017: 24 参照）。

そして第三に、このように理解されるニュースメディアと「政治」との弁証法的な関係性を記述・説明するための分析概念として「論理」が提示されている点である（Chadwick 2017: 22-26）。

> ハイブリッド・メディアシステムは、メディアと政治とが再帰的に結びついた領域における、伝統的なメディアの論理…（略）…と新しいメディアの論理との相互作用のもとに成立している（Chadwick 2017: 4）。

以上のように、ハイブリッド・メディアシステムは今日のニュースメディアをめぐる複雑な諸実践の動態を分析することを可能にする。さらに、ニュースメディアと「政治」との流動的かつ弁証法的な相互関係への注目、そしてそれを説明するための「論理」という概念は、先行する諸アプローチが抱えていた困難性を乗り越える手がかりとなる。ただし、ハイブリッド・メディアシステムの理論においても「政治」は制度的な次元に限定されている点に留意する必要がある。

4−2 「政治」概念の拡張とラディカル・デモクラシー

したがって、「政治」を構成する概念もさらなる拡張が求められる。この点を考える際に、本章で検討してきたアプローチが十分に捉えてこなかった「政治」の次元に注目することが重要である。ハリンらの「政治システム」、クックの「政治制度」、そして近年の「政治の論理」や「ハイブリッド・メディアシステム」はいずれも「政治」を制度的な次元に限定していた。しかし、これら狭義に政治を捉えるアプローチに対して、政治社会学では政治を広義に捉える必要性が論じられてきた。それは「政治」を日常生活や文化的次元にまで拡大して捉える視座であるが、こうした「政治」の理解は決して例外的なものではない。そもそも政治の機能に関する、「異なった意見、対立する考え方や利益を調整し、協力せしめて、一つの社会としてまとめ、安定と秩序を作り出していくこと」という伝統的な理解は、「政治」の範囲を「社会秩序」のスケールで捉えている（有賀・阿部・斎藤 一九九四：六）。「社会秩序」は、広義の「政治」とニュースメディアの関係性を捉えるうえで鍵となる。改めて指摘するまでもなく、従来のニュース研究でも、ジャーナリズムの社会的機能として「社会秩序の維持」や「統合」が想定されてきた（McQuail 2013: 37-38）。そして近年はデジタル化が進む中で、多様化し、複雑化するメディア実践がどのようにして社会秩序を可能にするのか、という理論的な検討が進みつつある（クドリー 二〇一二＝二〇一八：第二章）。一連の議論は、ニュースメディアと「政治」の関係性を「社会秩序」という観点から捉える新たな視座へと結びつく。

こうした観点から考察を進めるうえで、メディアの社会理論の研究者であるニック・クドリーの「もし現代政治において『メディアの論理』が存在するのならば…（略）…それは政治の存在論にも関わることになる（はずである）」という指摘は示唆に富む（クドリー 二〇一二＝二〇一八：二三六）。ここでクドリーが「政治の存在論」という用語によって何を指し示しているのかは必ずしも明確ではない。とはいえ、政治理論では「政治」を可能にする条件を「政治的なもの（the political）」という存在論的な次元として捉え、それを民主主義理論として発展させてきたラディカル・デモクラシーの議論があり、ここではそれが参考になる。

ラディカル・デモクラシーにとって、「政治的なもの」はアイデンティティや実践、関係、あるいは秩序を可能にする存在論的な次元であると同時に、「人間関係に内包される敵対性の位相、さまざまな形態をとり、社会関係のさまざまな様式において発生する敵対性の位相」でもある（ムフ 二〇〇〇＝二〇〇六：一五六、訳一部変更。Glynos and Howarth 2007; Marchart 2007 参照）。この「敵対性」の存在によって既存の社会秩序のあり方に異議申し立てが活性化する。そして異議申し立てがヘゲモニー闘争へと発展すると、新たなアイデンティティ、社会的実践、社会関係、社会秩序が構築されることになる。重要な点は、「政治的なもの」が「偶発性」に基づいていることである。「偶発性」とは、社会秩序はいかなる必然的な根拠に基づくものではなく、特定の文脈において生じたヘゲモニー編成の帰結に過ぎず、また、そうした社会秩序は敵対性を内在させ、常に新たなヘゲモニー闘争に対して開かれている、という考え方である（山本 二〇一六：終章）[12]。

仮に「メディアの論理が政治の存在論に関わる」のであれば、本章の視座からは「政治の論理はメディアの存在論に関わる」とも捉えられる。したがって、ニュースの政治社会学の今日的視座は、ニュースメディアと「政治的なもの」との相互作用に注目し、そこから可能になるニュースをめぐる諸実践、あるいはニュースメディアの機能やあり方を分析するものとなるのである。

［注］

（1）なお、第九版は二〇一二年に出版されている。このことはニュース研究やジャーナリズム研究にとって、ソーシャルメディアのプレゼンスが主として二〇一〇年代に増大してきたことを示唆している。

（2）ただし、「分断」や「対立」はポピュリズム政治のような現下の現象にとどまらない。ラディカル・デモクラシーやカルチュラル・スタディーズといった領域で指摘されてきた理論的課題でもある（Couldry 2000; ムフ 二〇〇五＝二〇〇八）。

（3）繰り返しになるが、両者は対立し合うものではない。近年はNews and journalism studiesという名称も用いられている（Zelizer and Allan 2010; Allan 2010）。

（4）同書で論じられる四つの理論とは、「権威主義理論」「自由主義理論」「社会的責任理論」そして「ソヴィエト共産主義理論」である。

（5）「リベラルモデル」には英国、米国、カナダ、アイルランドが、「民主的コーポラティズムモデル」にはオーストリア、ベルギー、デンマーク、フィンランド、ドイツ、オランダ、ノルウェー、スウェーデン、スイスが、「分極的多元主義モデル」にはフランス、ギリシア、イタリア、ポルトガル、スペインが含まれる。

（6）この「政治的アプローチ」において、ハリンらの研究が大きく位置づけられている。

（7）シュドソンは、二〇〇二年に *Annual Review of Political Science* 誌において、「政治制度としてのニュースメディア」

という論文を発表した（Schdson 2002）。ここでも従来の社会学的アプローチの三類型を踏まえつつ、「政治」と「メディア」の関係が論じられている。

（8）クック自身もメディア環境の変化を踏まえながら自身の分析枠組みに修正を加えているが、このアプローチが持つ根幹的な困難性は克服しえなかったと言える（Cook 2006）。

（9）エッサーは「ニュースメディアの論理」が専門文化のほかに「商業主義的側面」と「技術的側面」によって成立していると論じている（Esser 2013: 167）。

（10）なお、メイヤーは「政治過程」、エッサーは「政治（politics）」と呼んでいる。本章では「政治」という語と区別するため、そして具体的に何を意味しているのかという側面を重視するために「政治戦略」と表現する。

（11）こうした全体的なものと個別的なものとの関係性の理解は後に第二章で中心的に論じるラディカル・デモクラシーのポスト構造主義的なヘゲモニーと秩序に関する議論と重なり合っている点は示唆的である。

（12）「ヘゲモニー」については、第二章で検討する。なお、こうした考え方は「ポスト基礎づけ主義」とも関連している（田畑・玉手・山本 二〇一九）。

第二章　ニュースの批判的研究の再検討
――「意味づけをめぐる政治」から「ニュースをめぐるメディア実践の政治」へ――

1　批判的コミュニケーション論と「意味づけをめぐる政治」

ニュースの政治社会学の現代的視座を考えるうえで、本章ではニュースと「政治」、とくに前章の最後に論じた「政治的なもの」との関係性を分析する方法論について検討する。このテーマは、これまで批判的コミュニケーション論と総称されるアプローチにおいて発展してきた。そこで、まずは批判的コミュニケーション論の中で提起された「意味づけをめぐる政治」の概念と、それをもとに体系化された方法論である批判的言説分析の意義と課題について論じる。そして次に、より複雑で幅広いニュースと「政治」の現代的関係性を分析するために、ラディカル・デモクラシーの言説理論と、メディアの社会理論におけるメディア実践概念を参照し、従来の方法論に修正を加える。そして最後にメディア環境が変化し、さらにジャーナリズムと民主主義をめぐる危機が進展する今日的状況におけるニュースの政治社会学の課題に対応するための分析戦略として、「ニュースをめぐるメディア実践の政治」を提示する。

ニュースと「政治」の関係性を問う際に最初の出発点となるのが、批判的コミュニケーション論におけるニュース研究の系譜である。したがって、まずは本章の関心に基づいて批判的コミュニケーション論の特徴を整理し、それを踏まえていかなるニュース研究が志向されてきたのかを概観する。批判的コミュニケーション論は、メディア、コミュニケーションと権力との関係を常に問い続けてきた。言うまでもなく、その源流の一つはフランクフルト学派が発展させてきた批判理論である。ニュース研究も含めた幅広いメディア研究との関係では、批判理論に関する次の諸特徴が注目されてきた。

第一は、社会を編成する不可視の権力をめぐる問題意識である。批判理論にとって、「社会」とは特定の歴史的条件のもとで、特定の社会的実践の結果として秩序化されたものと捉えられる。それは社会が「透明」なものでも「中立」なものでもなく、特定の利害関心や価値観に基づいて編成されていることを意味する。そしてこうした社会の編成や維持には多くの場合意識されない、すなわち不可視の権力が作用していると理解されるのである[1]。ヘルベルト・マルクーゼはこの点について、次のように論じている。

社会がその成員の生活を組織する仕方には、さまざまな歴史的選択肢のなかからの本源的な選択が含まれている。それらの選択肢は物質文化と精神文化の継承された水準によって決定されるが、その選択そのものは支配的な利害関係の働きから生じる。それは人間と自然を変革し利用するための特定の様式を先取りし、他の様式を斥ける。それはいくつかの実現の「投企《プロジェクト》」のうちの一つである。しかし、ひとたびその投企が基礎的な制度や関係のなかで働くようになってしまうと、それは排他的になり、全体としての社会の発達を決定するようになる。…（略）…その投企が拡大してゆくにつれて、それは言説と行動、精神文化と物質文化の全世界を形づくる。テクノロジーの媒介によって、文化、政治および経済は、あらゆる選択肢を吸収もしくは拒絶する一個の遍在的な体制へ溶け込んでしまう。この体制の生産性と成長可能性は社会を安定させ、技術の進歩を支配の枠内に抑える。テクノロジカルな合理性は政治的合理性と化すことになる（マルクーゼ 一九六四＝一九七四：一四）。

したがって、批判的コミュニケーション論におけるニュース研究の課題もまた、社会を成り立たせているメカニズムとそれが人々を規律・統制・抑圧する様態を分析し、明らかにすることとなる。批判理論の第二の特徴は、こうした社会の編成とそこで作用する権力をめぐるメディアの役割への関心である。批判理論にとって、メディアは「文化産業」とみなされる（アドルノ／ホルクハイマー 一九四七＝二〇〇七）。メディア、とくに二〇世紀以降急速に発達したマス・メディアは情報の大量生産を技術的に可能にし、その中で人々は受動的な「消費者」へと位置づけられた。その結果、人々の経験や思考は画一化し、その批判的思考力が失われることとなる（アドルノ／ホルクハイマー 一九四七＝二〇〇七：二五一―二五八、ブロナー 二〇一七＝二〇一八：一二三、マルクーゼ 一九六四＝一九七四：三二、一〇五、一一三）。

批判的コミュニケーション論のニュース研究もまた、この視座を出発点としている。ここではニュースに表象される出来事、主体、あるいは「現実」の意味づけをめぐる権力作用に問題関心が寄せられることになった。その際に中心的な分析概念となったのがイデオロギーである。批判的コミュニケーション論は、英国で発展したカルチュラル・スタディーズ[2]の影響を強く受ける中でフランクフルト学派だけでなく、ネオ・マルクス主義、あるいは記号論やポスト構造主義といった政治理論や社会理論を広範に参照し、イデオロギー概念を継承・発展させた。

批判的コミュニケーション論にとって、イデオロギーは「社会が機能するあり方を理解し、定義づけ、判断し、認識するためにさまざまな集団、あるいは社会全体で共有されたものの見方や考え方の体系」を指す（ホール 一九九六＝一九九八：四五参照）。そしてマス・メディアはニュースの生産と伝達を通じて社会の支配的イデオロギーを再生産する役割を果たす「国家のイデオロギー装置」とみなされた。重要な点は、イデオロギー概念を通じて批判的コミュニケーション論が不可視の権力の果たす政治的機能に関する理解を深めていったことである。

この理論的発展に重要な役割を果たしたのがルイ・アルチュセールのイデオロギー概念であった。周知の通り、アルチュセールは「あらゆるイデオロギーは、主体というカテゴリーの機能によって、具体的な諸主体としての具体的な諸個人に呼びかける」と論じ、イデオロギー的「呼びかけ」を通じた主体形成というテーゼを提示した（アルチュセール 一九九五＝二〇〇五：三六五―三六六）。つまり、ニュースに組み込まれたイデオロギーは、ニュースの消費を通じて「我々は何者か」「我々が追求する目標、利益、価値とは何か」「我々は他者とどのような関係にあるのか」「我々にとって望ましい社会とはいかなる社会なのか」といった政治的主体、社会関係、社会秩序に関する支配的な意味づけを産出する不可視の権力作用を有するのである（van Dijk 1998: 69 参照）。

批判理論の第三の特徴は、「解放」の可能性を構想することである。批判理論はそもそも、社会の不可視の権力を明らかにするだけでなく、そうした抑圧からの解放を志向してきた（ホルクハイマー一九三七＝一九九八：二二三）。解放のあり方は論者によってさまざまであるが（ブロナー二〇一七＝二〇一八）、留意すべきはその困難性が強調される点である。

> 技術の進歩は、支配と均質化を全体制にゆきわたらせることによって、次のような生活（および権力）の形態を創りだす。すなわち、体制に反対する勢力を融和させ、苦役と支配からの解放という歴史的展望をかかげた一切の抵抗を打破あるいは論破するようにみえる生活形態（および権力形態）である。…（略）…はっきり指摘できる社会変革の主体と推進力が欠如しているために、批判は高度に抽象的な水準へと後退させられる。理論と実践、思想と行動が出合う基盤はまったく存在しない。別の歴史的選択の道についてのもっとも経験的な分析さえ、非現実的な思弁であるように思われ、その選択に加担することは、個人的（もしくは集団的）な好みの問題であるかのようにみえる（マルクーゼ一九六四＝一九七四：一〇–一一）。

この困難性は、批判的コミュニケーション論においても共有されている。ただし、フランクフルト学派をその源流としつつも、その後カルチュラル・スタディーズの影響を強く受けるようになった批判的コミュニケーション論では支配に対する抵抗が強調され、そこから解放の可能性が模索されてきた点は重要である。その要因は、カルチュラル・スタディーズがフランクフルト学派の議論よりもネオ・マルクス主義のヘゲモニー概念に依拠することでこの問題を追究してきた点にある。

ここで改めて「ヘゲモニー」について検討したい。批判的な政治理論や社会理論において、ヘゲモニーは次のような概念として理解される。

ヘゲモニーとは、支配権力が、その支配に対する同意を従属者たちから引き出そうとするときに用いる実践的戦略の全領域であると定義してよいだろう。…（略）…ヘゲモニーを獲得するとは、ひとがみずからの世界観を、社会全体の骨組みのすみずみまでゆきわたらせて、社会生活における道徳的、政治的、知的リーダーシップを確立することであり、かくしてみずからの利害と社会全体の利害とを同列におくことである（イーグルトン 一九九一＝一九九九：二四七）。

ヘゲモニーはいわば「常識」の持つ権力性に関わる概念である。社会の構成員はヘゲモニーを確立した特定の世界観、すなわちイデオロギーを「自然なもの」として受け入れる。一方でそうした世界観や価値観は決して固定化されることはない。人々の日常生活に根差した「常識」はヘゲモニーが提示する世界観や価値観としばしば矛盾を生み出し、そこから対抗的な価値観、あるいは異議申し立てが活性化する。そして対抗的なヘゲモニー戦略が登場し、新たな「常識」を確立することで既存のヘゲモニーは流動化、弱体化し、そして解体する可能性を持つのである。

ヘゲモニーをこのように捉えることで、批判的コミュニケーション論は支配にも、そして抵抗や解放にも開かれた「意味づけをめぐる政治」というコミュニケーション概念を発展させてきた（ホール一九八二＝二〇〇二、山腰 二〇一二a)。そしてニュースは「意味づけをめぐる政治」が展開する場として理解されるのである。つまり、ある出来事がニュースとして報道される際に、取材や編集の過程を通じて特定の世界観や価値観が反映される。特定の世界観や価値観に基づく出来事の意味づけは、「ニュース」として提示されるがゆえに、「自然なもの」とみなされる。一方で、ニュースの表象はすべての人々に画一的に解釈されるとは限らない。そこには多様な解釈の可能性があり、そうした多様性が新たな意味づけ、そして新たな価値観、世界観、常識の構築へと通じる。批判的コミュニケーション論はニュースの意味づけや解釈のせめぎ合いの中に抵抗、そして解放の可能性を見出すのである(Hall 1980; フィスク 一九八七＝一九九六)。

このように、批判的コミュニケーション論における「意味づけをめぐる政治」概念はニュースと「政治」の関係性を分析するための基礎的な枠組みを提供してきた。それは、ニュースに関する意味づけや解釈がヘゲモニーをめぐる「政治」を反映したものであり、ニュースの分析からヘゲモニー政治の具体的な特徴や過程を明らかにしうる、というものである。それでは、こうした「意味づけをめぐる政治」に基づくニュースの批判的研究の方法論・分析戦略はどのように体系化されてきたのであろうか。そして、その方法論・分析戦略は今日のメディア環境および政治社会状況においてどのような意義と課題を持っているのであろうか。以下では、ニュースの批判的研究の中心的な手法の一つとして発展してきた言説分析を手がかりに検討することにしたい。

2　ニュースの言説分析

2−1　「エンコーディング／デコーディング」モデル

ニュースを対象とした「意味づけをめぐる政治」の分析手法の体系化は「エンコーディング／デコーディング」というコミュニケーション・モデルの提唱を一つの契機としている。よく知られるように、このモデルは一方向的なメッセージの伝達を前提とした従来のマス・コミュニケーションの主流パラダイムとは異なる理論的前提に基づいている。その特徴は、メディアが伝達する「メッセージ」を「テクスト」と捉え直し、マス・コミュニケーションを一方向的な伝達／受容ではなく、意味づけ／解釈の過程として提示したことにある。この場合、新聞記事や報道番組、あるいはインターネット上の記事や動画など、あらゆるニュースは「テクスト」とみなされる。

テクストは本来的に多様な意味づけや解釈に対して開かれている。「エンコーディング／デコーディング」モデルを提唱したスチュアート・ホールは、批判的コミュニケーション論の支配／解放の問題と結びつけて「意味づけをめぐる政治」に関わる三つのコードを類型化した。それは次のように整理することができる（Hall 1980: 136-138 参照）。

①支配的コード：支配的コードとは、社会におけるヘゲモニーを獲得したイデオロギーに基づく意味づけ

や解釈の規則・文法である。伝統的ニュースメディアによる専門的なニュース生産は通常、支配的コードのへゲモニーのもとで行われる。そしてニュースの消費者である大衆が支配的な意味づけを「自然なもの」「常識」として受け入れる場合、大衆もまたこの支配的コードに従ってニュースを解釈していると理解される。したがって、この支配的コードのへゲモニー下におけるニュースの生産（エンコーディング）と消費（デコーディング）は社会の支配的イデオロギーを再生産することになる。

②交渉的コード：交渉的コードは、支配的な意味づけに対して適応的な要素と対抗的な要素から複合的に構成される。この場合、抽象的レベルではへゲモニックな意味づけの正統性を承認しつつも、個別の事例や状況のレベルではそれとは異なる意味づけや解釈が行われる。したがって、交渉的コードに基づくニュースの意味づけや解釈の結果、社会のへゲモニーは維持されつつも、支配的イデオロギーの矛盾が拡大することになる。

③対抗的コード：対抗的コードは支配的な意味づけを解体し、それとは異なる別の参照枠組みを作り出すために用いられる。この場合、ニュースの意味づけや解釈を通じて社会のへゲモニーへの対抗的なイデオロギーが構築されることになる。

この類型が示すように、とくにニュースの受け手（このモデルでは「オーディエンス」と表記される）が対抗的コードに基づいてニュースを解釈する点に支配的イデオロギーやへゲモニーに対抗し、解放の政治へと至る可能性が見出されている(3)。

最も重要な政治的契機の一つは、通常交渉的に意味づけられ、解釈される出来事が対抗的に読解され始める時である（Hall 1980:138）。

その後、「エンコーディング／デコーディング」モデルは、カルチュラル・スタディーズのメディア研究において「能動的オーディエンス論」として展開した。例えばそれはテレビの報道番組をさまざまな文化的属性、アイデンティティを持つオーディエンスがどのように解釈するのかをエスノグラフィー的手法で分析する、というものである（Morley 1980）。そこで目指されたのは、まさに「対抗的読み」が展開する政治的契機の発見を通じた「解放の論理」の構想だったのである。

2―2　批判的言説分析の基本視座

（1）「エンコーディング／デコーディング」モデルから批判的言説分析へ

カルチュラル・スタディーズの能動的オーディエンス論はその後、ニュースに限定されない幅広いメディア研究へと展開していった。一方で、「エンコーディング／デコーディング」モデルの影響を受けたニュースの批判的研究は言説分析の諸アプローチを参照しながら発展し、分析手法のさらなる体系化が進展した。

本章では、この系譜に基づくニュース研究のアプローチとして、批判的言説分析に注目する。批判的言説分析は、マス・コミュニケーション研究、あるいはフランクフルト学派やカルチュラル・スタディーズなどと直接関係を持たない言語学の領域から発展してきたアプローチである。とはいえ、今日の批判的コミュニケーション論に基づくニュースの分析の中心的手法に位置づけられている。その理由は次の二点にまとめることができる。

第一は、それがテクストの言語学的、あるいは記号論的な分析にとどまらない射程を持つことである。後に概観するように、このアプローチではテクストの生産・流通・消費に関わるコミュニケーションの諸過程、そしてそうした諸過程を可能にする（あるいは制約する）制度や秩序、そして権力の問題も問われる。改めて述べるまでもなく、ニュースは専門的な組織文化を通じて生産され、社会に幅広く伝達される制度に支えられている点において、こうした分析に適していると言える（van Dijk 1988）。

第二は、先行する批判的アプローチの系譜を発展させてきたことである。批判的言説分析は、ニュースにおける言語とイデオロギーの関係を機能文法(4)の知見を応用しながら発展させてきた批判的言語学と、ニュースの生産・受容過程において作用するイデオロギーに注目してきた批判的コミュニケーション論、とくにその「意味づけをめぐる政治」概念とを結びつけ、体系化させてきた（van Dijk 1985; Fairclough 1995）。

それに加えて注目すべきは、メディアの分析にさまざまな政治理論、社会理論の概念を組み込むという方法論も継承されていることである（Chouliaraki and Fairclough 1999）。こうした特徴から、批判的言説分析は批判的コミュニケーション論の今日的展開として位置づけられてきた。

（2） 批判的言説分析のモデル

批判的言説分析の代表的な分析モデルはノーマン・フェアクラフによって提唱された（Fairclough 1995）。このモデルは「ミクロ」「メゾ」「マクロ」の三つの分析レベルから構成される（Torfing 1999: 215）。ミクロレベルではテクストの表象や組織化の様態が分析される。ここでは、言語学的な知見に基づく統語論的、意味論的、語彙論的、レトリック的な特徴が主たる分析対象である[5]。

メゾレベルではテクストの生産と消費の過程、すなわち「言説実践」が分析される。これは先述の「エンコーディング／デコーディング」モデル、そして「意味づけをめぐる政治」と連関し、あるいはそれらの概念を組み込むレベルと理解される。ただしフェアクラフのアプローチの独自性として、複数のテクストの関係性をめぐる「間テクスト性[6]」が言説実践のレベルの分析における鍵となる（Fairclough 1995: 61）。

マクロレベルでは、特定の言説実践を成り立たせる「社会・文化的諸実践」が分析される。ここでは特定のテクストの生産と消費に直接関連する状況、テクストの生産と消費が埋め込まれた制度に関わる諸実践、そして社会や文化のより広範なフレームが分析対象となる（Fairclough 1995: 62 参照）。社会・文化的諸実践を構成するものの中でも経済的、政治的（権力とイデオロギーの諸問題に関わるもの）、文化的（価値とアイデンティティの諸問題に関わるもの）諸側面に主たる関心が寄せられる（Fairclough 1995: 62）。いわば、社会・文化的諸実践は言説実践を可能／不可能にする諸条件として位置づけられている（フェアクラフ 二〇〇一＝二〇〇八：二八）。

重要な点は、こうした分析手法が批判的研究としての戦略に基づいている点である。フェアクラフは次のような四つの段階から構成される分析戦略を提示する（Fairclough 2012: 13）[7]。

第一段階：社会的不正に関して、その意味作用的側面に注目する。
第二段階：社会的不正に取り組む際の障害を特定化する。
第三段階：社会秩序がこの社会的不正を「引き起こす」諸要因を検討する。
第四段階：障害を乗り越えるための可能な手段を明らかにする。

第一段階の「社会的不正（social wrong）」とは、「人々の豊かで幸福な生に対して害をなす社会システム、社会形態、社会秩序の諸相」と定義される（Fairclough 2012: 13）。いわば、それは社会の構造的な矛盾に起因する貧困問題や不平等、自由の欠如や差別といった社会問題である。そして第二段階の「障害（obstacles）」は、言説分析を通じて明らかにされる。すなわち、ある問題や争点が、特定の意味づけや解釈に制約され、別の意味づけや解釈が排除・抑圧されている様態がここで示される。第三段階ではそうした支配的な意味づけや解釈が成立し、維持される要因とメカニズムが「社会秩序」の機能の観点から説明される。それは従来から主としてイデオロギーやヘゲモニーによって説明されてきたものである（Fairclough 1992）。第四段階では、支配的な言説に対する異議申し立てや抵抗が具体的に示される。ここで想定されるのは、組織化された政治的・社会的集団や運動、あるいは公的生活や日常生活において見出される「意味づけをめぐる政治」である。

（3）批判的言説分析に基づくニュース研究の展開

このような特徴を持つ批判的言説分析は、ニュース研究に積極的に応用されてきた。とくに日本における展開を考える場合、それは次のようなアプローチとしてまとめることができる。(8)

①ミクロレベル：ニュースのテクスト分析（記事や映像の表現や論理構成、とくにそれらを通じた出来事や主体の描かれ方の分析）

②メゾレベル：ニュースの生産・消費過程の分析（ニュース生産の慣行、ニュースで表象された出来事や主体に関する社会の中での解釈のされ方の分析）

③マクロレベル：ニュースのテクストにおける特定の意味づけを成立させる権力のメカニズムの分析（例えばニュースメディアの制度的特徴、イデオロギーやヘゲモニー、歴史的文脈など）

こうしたアプローチに基づく日本における代表的な事例は水俣病事件報道をめぐる一連の研究である（小林編 二〇〇七、山腰 二〇一二a、大石 二〇一四）。これらの言説分析が明らかにしてきたことは、水俣病事件における初期報道において、水俣病を「公害」と意味づける可能性が抑圧・排除されたことである。その代わりにニュースのテクストにおいて、この出来事は「原因不明の奇病」や「漁民騒動」として表象された。つまり、フェアクラフの四段階の分析戦略に基づくと、「公害」として意味づけられなかったことが水俣病事件報道をめぐる「障害」である。そしてそうした言説編成を可能にしたのは、高度経済成長期における社会の支配的価値観の権力性、すなわち「経済大国」を目指す日本社会のヘゲモニーであり、その中で作用する「生産力ナショナリズム」[9]のイデオロギーである。高度経済成長が進展した一九六〇年代に水俣病事件が報道停滞期を迎える一方で、当時の水俣が「チッソ水俣工場争議」という労働争議によって全国的なニュース・バリューを高めていたことがそれを示している（大石二〇一四）。他方において、争議に敗れたチッソ第一組合員の「恥宣言」や石牟礼道子の『苦海浄土』といったテクストがこうした支配的言説に対する異議申し立てとなり、水俣病を「公害の原点」とする対抗言説が編成されていったと理解されるのである。

（4）批判的言説分析の意義と課題

このように、批判的言説分析のアプローチに基づいて具体的なニュースの研究が蓄積されてきた。その一方で、批判的コミュニケーション論の系譜の中でニュースと「政治」の相互関係を分析するうえで、このアプローチには検討すべき課題も存在する。それはとくに、「意味づけをめぐる政治」の視座からの対立や抗争、そして「解放の論理」の分析に関わる問題である。すなわちそれは、このアプローチそのものから既存の社会秩序を変革しうる対抗的な意味づけがどのように生成・展開しうるのかを直接導き出すことができないという点にほかならない。こうした観点から、改めてフェアクラフの批判的アプローチに関わる四段階の分析戦略に着目すると、第三段階（社会秩序がこの社会的不正を「引き起こす」諸要因を検討する）と、第四段階（障害を乗り越えるための可能な手段を明らかにする）との間の断絶に気づかされる。実際に、例えば二〇〇八年の金融危機をめぐる分析においてフェアクラフが提示する第四段階の議論（新自由主義への対抗言説としての銀行制度の部分的国有化やグリーンニューディールの要求）は、金融危機をめぐる言説の分析から直接導き出されておらず、そうした対抗言説がどのような「意味づけをめぐる政治」の帰結として編成されるのか、といった説得的な根拠が示されずに外部から持ち込まれてくるのである（Fairclough 2012: 15-18 参照）[10]。

ここで「意味づけをめぐる政治」や「エンコーディング／デコーディング」モデルといった従来の批判的コミュニケーション論の系譜は、対抗的な意味づけやコードがどのように生成・展開するのかを言説実践のレベルで論じてきた点を想起する必要がある。つまり、対抗言説は、支配的意味づけが制御しえない矛盾から対抗的な意味づけが生成するという「意味づけをめぐる政治」の具体的過程の中から導き出されるはずのものである。ところがフェアクラフが行う事例研究においては、この過程の分析が適切に示されてきたとは言い難い。

こうした理論的困難が生じる要因は、フェアクラフの批判的言説分析のアプローチが持つテクスト還元主義的傾向にある。そしてその結果、フェアクラフのモデルでは言説実践のレベルに位置づけられている分析も、実際にはテクストのレベルの分析へと還元されてしまう場合が多い。例えばフェアクラフにとって、本来言説実践のレベルで分析されるような新たな意味づけの生成と展開の過程はしばしば、「ジャンル」や「スタイル」といった言語学的特徴をめぐる静態的なテクスト分析にとどまってしまう[11]。こうした言説実践のレベルにおける制約は、ニュースと「政治」の動態的な相互関係を考えるうえで問題となる。

このような理論的課題について、ニュース研究では実践レベルにおけるテクストの生産過程や消費過程をめぐるジャーナリズム論、マス・コミュニケーション論の概念や知見を参照することで対応してきた。とはいえ、ニュースの言説実践をめぐる対抗的な意味づけの生成や発展のメカニズムについては理論的な観点から積極的に追究されてこなかったという側面は否定しえない。というのもニュース研究では、批判的言説分析は主としてニュースの意味づけを規定・制約する権力のメカニズムを明らかにするために活用されてきたからである。

したがって、ニュースと「政治」の動態的な相互関係を分析するうえで、「意味づけをめぐる政治」が想定してきた言説実践のレベルでの対抗的な意味づけの生成・展開過程を分析する方法論を構想する必要がある。この点について、次節ではラディカル・デモクラシーの言説理論を手がかりに検討することにしたい。

3 ラディカル・デモクラシーの言説理論における「実践」と「秩序」

3-1 社会の秩序化をめぐる政治的意味作用

(1) ラディカル・デモクラシーにおける言説概念

言説分析のアプローチは方法論をめぐる活発な議論、そして広範な領域における応用と操作化を通じて多様化し、細分化してきた（Paul Gee and Handford (eds.) 2014; Wodak and Forchtner (eds.) 2018）。こうした近年の言説分析の展開の中でも批判的コミュニケーション論にとって重要なアプローチが、ラディカル・デモクラシーの言説理論（ポスト構造主義的言説理論）である。ラディカル・デモクラシーの言説理論は当初、抽象的な政治理論として構想され、議論されてきた。しかし近年は方法論の体系化が進み、事例研究に応用されるようになった（例えばGriggs and Howarth 2013）。その結果、批判的コミュニケーション論でもラディカル・デモクラシーの言説理論の現代的展開に注目する研究が登場しつつある（Dahlberg and Phelan (eds.) 2011; Phelan 2014; Farkas and Schou 2020）。ただし、メディア研究、とくにニュース研究への本格的な応用はまだ緒についた段階であり、主要な方法論としては未だに定着しているとは言い難い。

本章がこのアプローチに注目するのは、それが実践や秩序のレベルにおける政治的な意味作用の動態を分析・説明しうる点にある。ラディカル・デモクラシーの言説理論は、ヘゲモニー概念を応用させながら社会秩序の形成・維持・変容をめぐって実践が果たす政治的意味作用を分析する方法論を体系化してきた。その分析概念とアプローチは、ニュースをめぐる諸実践や諸過程をヘゲモニー政治の単なる「反映」ではなく、ヘゲモニーそれ自体の生成・展開・変容と密接に関わるものとして捉えることを可能にする。したがって、ラディカル・デモクラシーの言説理論は「意味づけをめぐる政治」概念を発展・深化させるための新たな手がかりとなる。そこで以下では本書の問題関心からこのアプローチを整理し、ニュースと「政治」の研究にどのように応用しうるのかを検討したい。

ラディカル・デモクラシーの言説理論はエルネスト・ラクラウとシャンタル・ムフが行ったヘゲモニー概念の刷新の中から生み出された（ラクラウ／ムフ 一九八五＝二〇一二）。この理論的アプローチにおいて、言説は「意味付与の連鎖によって生じる諸関係の総体」と定義される（Torfing 1999: 91）。この定義からも明らかなように、ラクラウとムフにとって、言説とは具体的に記述され、語られたテクストにとどまらない。さまざまな実践の意味構築過程に注目し、それらがどのような要素間の関係性を形成するのかを説明する概念である(12)。

とくに、この要素間の意味関係の形成をラクラウとムフは「節合(articulation)実践」と呼ぶ(ラクラウ/ムフ 一九八五=二〇〇〇:二四〇)(13)。節合実践を通じて本来関係性を持たない要素を結びつけ、意味のシステムは構造化される。「アイデンティティ」や「利害」、「現実」はこうして意味構築され、意味関係のネットワークの中で固定化されるのである。

ただし、ここでラクラウとムフは第一章でも論じた「偶発性」を強調する。すなわち、節合実践を通じた意味関係の固定化は常に一時的・部分的なものにとどまる。意味関係を固定化する単一の普遍的な原理は存在せず、意味関係の固定化は常に変化に対して開かれている(ラクラウ/ムフ 一九八五=二〇一二:二五二)。言説が持つこの不安定な性質が「意味づけをめぐる政治」、そして「ヘゲモニー」を要請することになる(ラクラウ/ムフ 一九八五=二〇一二:二九八-二九九)。つまり、ラクラウとムフにとって、ヘゲモニーは既存の意味関係を固定化・安定化させる原理であるとともに、既存の意味関係を流動化させ、新たな意味関係を構築することを可能にする原理でもある。

(2)「政治的なもの」と「社会的なもの」

のちにラクラウはこの言説概念を発展させ、ヘゲモニーを通じた社会の秩序化の過程を説明する政治的意味作用のメカニズムを提示した。それが「政治的なもの(the political)」と「社会的なもの(the social)」との相互作用である(ラクラウ 一九九〇=二〇一四)。

この場合、「政治的なもの」は「社会的なもの」を構築、あるいは解体するヘゲモニー闘争の局面を指し、一方で「社会的なもの」はそうしたヘゲモニー闘争を通じて確立された社会諸関係の総体を指す（Bertramsen, Thomsen and Torfing 1991: 29）。「社会的なもの」は本来的に多様な編成可能性を持つが、「政治的なもの」を通じて特定の形態のもとで秩序化される（Torfing 1999: 305）。こうして秩序化された「社会的なもの」は、アイデンティティや社会関係、組織原理などの意味関係のネットワークを成立させる「地平」として機能する。その一方で、この「社会的なもの」の編成原理は、他のアイデンティティや社会関係の意味構築の可能性を抑圧・統制・排除する権力（すなわちヘゲモニー）を有している。

この権力作用を考えるうえで鍵となるのが、「沈殿化（sedimentation）」という概念である。ヘゲモニー闘争を通じて意味構築される「社会的なもの」は当初、その「政治的起源」が可視化されている。しかしながら、日常生活が反復される中で次第にその起源は忘却され、自然化する。これが「沈殿化」と呼ばれる状態である。「社会的なもの」の権力作用はこうして自然化し、不可視化する（ラクラウ　一九九〇＝二〇一四：六二）。

しかし、対立や紛争、社会運動、改革などを通じて既存の社会秩序に異議申し立てがなされると、「社会的なもの」の政治的起源が再び顕在化し、このとき「政治的なもの」は「再活性化（reactivation）」の状態となる（Torfing 1999: 69-70）。いわば、「社会的なもの」を可能にしていた編成原理が別の編成原理と競合状態となる。とはいえ、個別の異議申し立てによる「政治的なもの」の再活性化は通常、部分的なものにとどまり、「社会的なもの」は再び沈殿化する。この場合、「社会的なもの」を成立させる編成原理そのものは変化しない。他方で個々の異議申し立てが相互に意味連関（＝節合）し、「政治的なもの」の再活性化が広範に拡大した場合にそれは「社会的なもの」の全体的な意味編成それ自体を変容させるヘゲモニーの再編へと発展する。

換言すると、沈殿化は社会関係の「制度化」の過程を指し示し、再活性化は「政治化」の過程を指し示す（ラクラウ 一九九六＝二〇〇二：九二、Betramsen, Thomsen and Torfing 1991: 31）。重要な点は、「政治的なもの」も「社会的なもの」も、完全に全体化することはない、という点である（ラクラウ 一九九〇＝二〇一四：六二–六三）。つまり、「社会的なもの」が「政治的なもの」の痕跡を完全に消し去ることは不可能であり、常に政治化に対して開かれている。同様に、「社会的なもの」が全て政治化することもない。このように、社会秩序は「沈殿化」と「再活性化」の往復運動の中で変化すると理解されるのである。

3-2　ラディカル・デモクラシーの言説理論における実践の「論理」

以上のようなラディカル・デモクラシーの言説理論について、ラクラウは具体的な事例研究のための方法論を発展させなかった。この理論を発展させ、言説概念の洗練化と政治現象の分析のための操作化に取り組んできたのが「エセックス学派」と呼ばれる後継者たちである（Howarth, Norval and Stavrakakis (eds.) 2000）。この研究の系譜は、ラクラウが提示した秩序化をめぐる政治的意味作用を「実践」のレベルを中心に分析概念化してきた点に特徴がある。そこで本章ではエセックス学派の中でも方法論の体系化に積極的に関わってきたデイビッド・ホワースがジェイソン・グライノスやスティーブン・グリッグスらとの共著の中で提示した分析モデルについて検討し、批判的なニュース研究のための分析戦略の再構成の手がかりとする。

ラディカル・デモクラシーの言説理論のアプローチは、秩序の形成・維持・変化をめぐる意味作用を分析するための方法論を構想するうえで、「実践」が持つ意味作用の複数の次元に注目している（Glynos and Howarth 2007: 120）。ある特定の実践は、既存の社会秩序（ホワースらは「レジーム」と表現する）の再生産に寄与する可能性にも、そして社会秩序に異議申し立てを行い、変化を促す可能性にも開かれている。したがって、ある状況の中で、特定の実践のいかなる意味作用の次元が前景化しているのかを明らかにすることがこの言説理論の分析戦略となるのである。

ホワースらはこの分析戦略を体系化するために「論理」という概念を発展させている。「論理」はラクラウによって二通りの意味で用いられている。第一は、「文法」や「規則の束」という意味である（ラクラウ 二〇〇〇＝二〇〇二 a：一〇六）。そして第二に、そうした「諸規則の体系」を可能にするもの、という意味である（ラクラウ 二〇〇〇＝二〇〇二 c：三七六）。この議論に基づいてホワースらは「言説に関する論理とは、実践ないし諸実践のレジームを統制する規則、およびそうした規則を可能ないし不可能にする諸条件を表す」と論じている（Howarth and Griggs 2016: 413）。

こうした「論理」の理解を踏まえたうえで、ホワースらはそれを三つに類型化する。すなわち、「社会的論理（social logics）」「政治的論理（political logics）」「幻想的論理（fantasmatic logics）」である。三つの論理は、実践および諸実践を秩序化するレジームの意味体系の維持や変化に関わっている。本書ではこれら二つの論理から成る意味作用を「政治的意味作用」と呼ぶことにしたい。

社会的論理は「社会的なもの」を構成する実践ないしレジームの包括的な文法や規則である（Glynos and Howarth 2007: 106）。社会的論理に基づいた諸実践の意味作用は「社会的なもの」を維持し、再生産する。さらに社会的論理は諸実践や対象をまとめ上げ、それらの間に関係性を構築し、秩序づける。つまり、この社会的論理は、ラクラウがこれまで「言説」と呼んできたものに対応している（ラクラウ 二〇〇〇＝二〇〇二a：一〇六）。

この政治的意味作用のアプローチに基づいた言説分析を通じて社会的論理を明らかにする作業は経済的、社会的、文化的、政治的諸過程において特定の実践やレジームを成り立たせている自然化した規則や文法を発見するというものであり、実際には具体的な状況に応じて多様な「論理」が析出されることになる（Howarth and Griggs 2016: 414）。つまり、特定の単一の「論理」を明らかにするか、あるいは複数の「論理」の節合形態を明らかにするかは分析に応じて異なる（例えば戦後日本社会の支配的価値観としての「経済成長」の論理、あるいは原子力政策を正統化してきた「技術立国」の論理と「地域振興」の論理の節合形態など）。また、「レジーム」も社会秩序のレベルから特定の組織や制度のレベルなど、多様なものが想定される。ラディカル・デモクラシーの言説理論を用いた先行研究では、「アパルトヘイト」や「サッチャリズム」のような国家規模の社会秩序を規定するレジーム、あるいは大学業界や航空政策といった特定の制度的領域のレジームが分析されている（Glynos and Howarth 2007; Griggs and Howarth 2013）。

したがって、ラディカル・デモクラシーの言説理論をニュースの批判的研究に適用する場合は、二ュースをめぐる言説実践から社会的論理を析出する作業が重要となる。この場合、二種類の方法が想定される。第一は、言説実践を通じて生産されたニュースのテクストから社会的論理を明らかにするというものである。これは従来の批判的言説分析と基本的には同様の手続きとなる。そして第二は、ニュースをめぐる言説実践そのものがレジームを成り立たせる意味作用の側面を分析するというものである。例えばそれは、儀礼化されたニュースの取材手法が取材対象を構成要素とする特定のレジームの正統性を再生産する場合などが想定される。

政治的論理は、「特定の社会的実践ないしレジームが制度化された方法、あるいは競合し、制度化しつつある方法を理解可能なものにし、したがってそれを記述し、分析することを可能にする」概念であり、「政治的なもの」の次元に関わる規則や文法である（Glynos and Howarth 2007: 106）。とくに、それは対立や紛争、異議申し立てが生じ、発展することで社会的諸関係がどのように変化するのか、そして政治的な境界線がどのように引かれるのか（引き直されるのか）に注目する。

ラディカル・デモクラシーの言説理論においては、政治的論理の作用をめぐって、「等価性の連鎖」の構築や解体が主たる分析対象となる。等価性の連鎖とは複数のアイデンティティや要求の間に共通の関係性を構築する意味作用である。この共通性の構築に際し、複数の要素をまとめ上げる象徴や言語は「結節点」あるいは「空虚なシニフィアン」と呼ばれる（Howarth 2000）[14]。それに対して、こうした共通性を解体する意味作用も展開する。等価性の連鎖は「政治的境界線が構築され、安定化し、強化され、弱体化する動態的な過程を強調する」（Glynos and Howarth 2007: 144）。こうした等価性の連鎖の構築や解体は、新しい主体、実践、秩序が生み出される条件を形成する。つまり、政治的論理はとくにへゲモニー闘争の過程で作用する規則や文法であると言える[15]。

ニュースの言説分析から政治的論理を明らかにする場合、まず対立や紛争、異議申し立てがどのように意味づけられ、解釈されたのかに注目することになる。そして異議申し立ての発展の中で生じる新たな政治的主体、実践、秩序をめぐるニュースの表象が分析される。ただし、こうした表象は制度化・慣習化されたニュースの生産過程と、ニュースメディアがさまざまな形で影響を受ける社会の（支配的）価値観との相互作用によって構築される点に留意する必要がある。

幻想的論理は、特定の実践やレジームが主体を「制御する（grip）」方法に関わる文法や規則である（Glynos and Howarth 2007: 107）。つまり、「社会的実践の変化に対する抵抗、そして変化が生じた場合にはその速度や方向性を抑制する方法」を理解する分析概念とみなすことができる（Glynos and Howarth 2007: 145）。換言するとそれは「政治的なもの」の活性化、つまり異議申し立てやヘゲモニー闘争の発生・拡張を抑制する意味作用であり、従来の批判的コミュニケーション論が支配的価値観の持つイデオロギー機能と考えてきたものと共通する。ただし、幻想的論理は「虚偽」に関わる意味作用ではなく、社会的現実を首尾一貫したものと示すことによって、「社会的現実の根源的な偶発性――より厳密には実践の政治的次元――を不可視の状態にとどめる」機能を果たすと理解されている（Glynos and Howarth 2007: 145）。

ニュースの批判的研究にとって、この論理の分析は、異議申し立て、そして「政治的なもの」の活性化と沈静化ないし後退の過程に注目し、そこでいかなる文法や規則が作用しているのかをニュースに関する言説実践や表象から明らかにすることで遂行される。

以上のように、ラディカル・デモクラシーの言説理論は、実践と社会秩序に関する政治的意味作用の分析手法を発展させてきた。この分析手法は、政治的意味作用の文法や規則を明らかにするためにテクスト分析を重視するが、そうした文法や規則が実践レベルでどのように作用しているのかも分析対象とする。したがって、このアプローチはテクスト還元主義的ではない言説分析に対して開かれていると言える。それでは、この分析戦略がニュースの批判的研究にとっていかなる意義を持つのだろうか。

第一に、「意味づけをめぐる政治」の複雑な過程を言説実践のレベルから分析するための方法論を発展させうる点である。この言説理論のアプローチは、ある状況下における特定の言説実践について、三つの政治的意味作用の次元のいずれが前景化するのかに注目する。したがって、ある状況では言説実践の政治的論理が作用して異議申し立てへと発展し、別の状況では幻想的論理が作用することで対立や抗争を潜在化させる、といった「意味づけをめぐる政治」の動態を分析することができる。

さらにこの分析枠組みは、ホールが示唆した「交渉的な読みが対抗的な読みへと変容する契機」を説明しうる分析概念――すなわち「解放の論理」――の構想の可能性も持っている。それは、ある特定の言説実践が政治的論理を獲得する状況や条件の分析を踏まえつつ展開していくことになる。この点において、ラディカル・デモクラシーの言説理論は、権力の分析や解放の可能性を探究するという批判的アプローチを発展させ、「意味づけをめぐる政治」を理論的、方法論的に深化させる視座を提供するものであると評価できよう。

そして第二に、言説実践を通じたレジームの構築・維持・変容を説明するこのアプローチが、ニュースの批判的研究の分析対象を広げうる点である。ラディカル・デモクラシーの言説理論におけるレジーム概念は、国家規模の社会秩序から、個別の組織や政策まで幅広い制度を分析対象としている。この視点は、第一章で論じたニュースメディアと「政治」の関係について、言説実践を通じて明らかにするという新たな分析手法へと開かれている。例えば、特定のジャーナリズムのニュース生産実践が、ニュースメディアのレジームを維持するという状況を分析することができる。この場合はニュースのテクストではなく、言説実践の政治的意味作用が分析対象となる。したがって、この点においてもラディカル・デモクラシーの言説理論は、テクスト分析に必ずしも還元されないニュースの批判的研究を発展させる応用可能性を有しているのである。

4　ニュースをめぐるメディア実践の政治

4-1　言説実践からメディア実践の批判的研究へ

本章では、ニュースと「政治」の相互関係を批判的に分析するための方法論や戦略の構想を目的とし、「意味づけをめぐる政治」概念を手がかりに、批判的コミュニケーション論における言説分析の展開を再検討してきた。「エンコーディング／デコーディング」モデルを嚆矢とする「意味づけをめぐる政治」の系譜は、批判的言説分析へと体系化・洗練化されていった。批判的言説分析は、メディア・テクストの分析と言説実践、そして制度や秩序との分析を結びつけ、ニュースをめぐる意味づけや解釈を可能にし、あるいは制約する権力作用を明らかにする方法論を発展させた。その一方で、この分析手法はニュースと「政治」の相互作用を明らかにする際に、困難性や課題を有する点を指摘した。

そのような困難性や課題に取り組むために、本章が参照したのがラディカル・デモクラシーの言説理論である。このアプローチは秩序化をめぐるメカニズムを「実践」の政治的意味作用の観点から分析する方法論を発展させてきた。本章では「レジーム」や「論理」といった分析概念に注目し、それらがニュースの批判的研究にとって有用である点を明らかにした。それはラディカル・デモクラシーの言説理論の諸概念を活用して批判的言説分析の方法論を修正し、ニュースと「政治」の相互作用をより深く解明できるようにするという作業であった。

以上の理論的考察を踏まえつつ、本節では批判的言説分析の方法論にさらなる修正を加え、従来の分析枠組みにおける「言説実践」概念を「メディア実践」として捉え直すことにしたい。この捉え直しは、ニュースの批判的研究における「意味づけをめぐる政治」モデルから「ニュースをめぐるメディア実践の政治」モデルへの発展を意味する。それは視座転換というよりも、「意味づけをめぐる政治」概念を包含した、より幅広い分析概念への拡張である。

従来の批判的言説分析における言説実践とは、テクストの「意味づけ」と「解釈」を指していた。そしてそれらは批判的言説分析に影響を与えた「エンコーディング／デコーディング」モデルから継承されてきたものであった。それに対してメディア実践は、その中に当然ながらテクストの意味づけや解釈も含むが、より幅広いメディアに関わる諸行為から構成される。つまり、従来の言説実践概念は、より広範なメディア実践概念に組み込まれ、その中心的な構成要素となる。本章で検討してきたラディカル・デモクラシーの言説理論は、さまざまな実践が有する政治的な意味作用の次元を「論理」と呼ばれる概念によって説明するものであり、テクストの直接的な意味づけや解釈以外の多様な行為を含むメディア実践も原理的には同様の視座で分析可能である。それでは、なぜこうした修正が必要なのだろうか。

4-2　デジタル環境におけるメディア実践研究の発展

その要因は言うまでもなく、メディア環境の変化に求められる。前章でも検討したように、ハイブリッド・メディアシステムによってニュースをめぐるコミュニケーションは複雑化した。そしてソーシャルメディアの発達とマス・メディアのプレゼンスの相対的低下は、社会の構成員の多数が同一のニュースを消費し、共有するというニュース研究の前提を成立不可能なものにしつつある。このことは、マス・メディアのニュース・テクストから社会の支配的価値観を明らかにするという批判的言説分析の方法論が今後抱えるであろう（あるいは現在すでに抱えている）困難性を示している。

一方で、ソーシャルメディアの発達は、人々が単なるニュースの「受け手」や「消費者」にとどまらないという状況を生み出してきた。つまり、ニュースの「検索」「共有」「拡散」あるいは「再編集」、そして「批判」「攻撃」など、ニュースをめぐる多様な行為が活性化している。そしてそうした行為はしばしばニュースやニュースメディアのあり方そのものに対する批判、不満、不信や異議申し立てとも関連するようになった。つまり、ニュースをめぐる実践とは、必ずしもニュースの制作者による「意味づけ」とニュースの消費者による「解釈」にとどまらない多様性を帯び、そうした実践の政治的意味作用を幅広く研究するアプローチが要請されるのである。

そしてこのようなメディア環境の変化に伴う新たな状況を説明する概念として、ニュース研究を含む幅広いメディア研究の領域で注目されてきたのが「メディア実践」である。デジタル化が進展し、メディアが日常生活や公的生活にますます組み込まれる中で、人々とメディアとの関係性は複雑化している。こうした状況において、人々が日常生活や公的生活の中でメディアとの関連で何を行っているのかを問うことの重要性が指摘されるようになった。

> メディアへの実践概念からのアプローチは、問いを形成するうえで、メディアをものやテクスト、受容過程や生産過程に関する諸制度とみなすことはできない。むしろ、人々が行為する文脈において、メディアといかなる関係性を構築しているのかという観点から問いを形成する。このようなメディア社会学が関心を寄せるのは、メディアを直接的に志向する行為や、必ずしも特定のメディアを目的や対象とするものではないが、メディアとの関連性を含む行為、そしてメディアの存在や影響、機能によって可能性が条件づけられている行為である（クドリー 二〇一二＝二〇一八：五九）。

こうしたアプローチにおいて、実践概念は次のような特徴を持つものとして理解される（クドリー 二〇一二＝二〇一八：五七-五九参照）。

・実践は規則性、つまり行為の規則性に関わるものである。
・実践は社会的構築物である。
・実践は人間のニーズ（すなわち、協調、相互作用、コミュニティ、信頼、自由といった社会的生に関する基本的ニーズ）と関連している。
・実践は規範と関わる。

そして一連の特徴を備えた実践がメディアと直接、あるいは間接的に関わる場合、それは「メディア実践」と捉えられるのである。「メディア実践」からのアプローチは、デジタルメディア環境の中から生じる人々とメディアとの新たな関わりやメディア実践と他の実践との結びつきを記述、説明できるという利点を持っている（Couldry 2004: 121-122）。

4-3　「ニュースをめぐるメディア実践の政治」の分析戦略

それでは、ラディカル・デモクラシーの言説理論とメディア実践概念によって批判的言説分析を修正し、「意味づけをめぐる政治」を新たな視座から捉え直すことで、ニュースの批判的研究をどのように発展させうるのであろうか。第一に、ハイブリッド・メディアシステムにおけるニュースと「政治」の関係性をめぐる、より複雑で幅広い分析が可能になる。ラディカル・デモクラシーの言説理論が従来の「意味づけをめぐる政治」が取り組んできた領域を十全に説明しうる点は3-2ですでに論じた。それと同様に、このアプローチのもとで特定のメディア実践が、ある状況では広範な異議申し立てを活性化させ、別の状況ではそれを抑圧する、といった複雑な展開が分析可能となる。そしてさらにはニュースをめぐって展開するより複合的な状況、例えばハッシュタグ・アクティビズムのようなメディアを活用した新しい政治的な実践が特定のニュースをきっかけに活性化したり、あるいはそうしたニュースを拡散したりするような過程を分析できるのである。

第二に、前章で論じたニュースメディアと「政治」との相互作用について、メディア実践をめぐる政治的意味作用の観点から分析しうる。これは、ラディカル・デモクラシーの言説理論におけるレジーム概念と関わる。これも3－2で確認したように、レジームは社会秩序の全体的なレベル――例えば国民国家――と、個別の制度や組織のレベルで想定することができる。国民国家スクールの社会秩序とメディア実践との関係をめぐっては、従来の批判的コミュニケーション論、そして批判的言説分析がこれまで取り組んできたものと同様である。一方で、レジームという概念は、特定のニュースメディア組織、ジャーナリズム業界、あるいはより広範なメディア環境といった各レベルに適用できる。つまり、それらのレジームとメディア実践との相互関係をめぐる政治的意味作用が分析可能である。例えばそれは、ジャーナリズムのメディア実践がニュースメディアのレジームの正統性を再生産する状況や、ポピュリストによるニュースメディアへの攻撃、あるいはソーシャルメディア上でのフェイクニュースの拡散や共有といったメディア実践がジャーナリズムのレジームの正統件を弱体化させる状況を説明しうる。

重要なのは、このメディア実践とレジームの関係性が、社会秩序のレベルにおける「民主主義の危機」と、ニュースメディアのレベルにおける「ジャーナリズムの危機」という二つのレジームの危機の分析へと開かれている点である。これら二つのレジームの危機がニュースをめぐるメディア実践とどのように関連しているのかを探究することが、ニュースの批判的研究の現代的課題であると言える。

そして第三に、「言説実践」の「メディア実践」への拡張は、新しい視座からの「解放の論理」の構想を可能にする。ラディカル・デモクラシーの言説理論が言説実践の有する「解放」のポテンシャルを引き出しうる点は前節で論じた。一方で、メディア実践をこの言説理論のアプローチから捉え直すことで、さらに広範な「解放の論理」を構想できる。とくに重要なのは、メディア実践はメディアと直接的なつながりを持たない他の実践と節合されるという点である（Couldry 2004: 121-122）。この点を踏まえると、例えば新たなメディア実践が民主主義的な実践と節合し、より広範な民主主義的プロジェクトへと発展していくための戦略を構想することができるのである。

以上の考察から導かれる分析戦略を「ニュースをめぐるメディア実践の政治」と呼ぶことにしたい。これまでも論じてきたように、従来の「意味づけをめぐる政治」、あるいはニュース・テクストをめぐる言説実践の分析もまた、この分析戦略に組み込まれるが、ここではより複雑で幅広いメディア実践の政治的意味作用へと分析対象が拡張されている。そしてこの分析戦略は次のような問いによって構成される。

・ニュースをめぐるメディア実践の政治的意味作用は、広範な社会秩序のレジームの力学とどのように関わるのであろうか。

・ニュースをめぐるメディア実践の政治的意味作用は、ニュースメディアも含むメディア環境のレジームの力学とどのように関わるのであろうか。
・ニュースをめぐるメディア実践の政治的意味作用は、「解放の論理」とどのように関わるのであろうか。

以上の問いから構成される分析戦略によって、ニュースと「政治」をめぐる複雑な現代的関係性を批判的に明らかにすることが可能になるのである。

[注]

（1）これら一連の記述について、ホルクハイマーの次の議論も参照のこと。「目下の形態での社会全体が持つ分裂的性格は、批判的な態度をとる主体のもとでは、自覚的な矛盾にまで展開される。批判的主体は、現在の経済様式およびこれを基礎とする文化総体を、人間の労働の産物として、この時代に人間が自らに与え、自らなし得た組織化として、認識することによって、自分自身をこの全体と同一のものと見て、この全体を意志と理性として把握する。その全体は、［主体にとって疎遠な世界ではなく］主体自身の世界である。と同時に主体は、社会が人間外的な自然過程、単なるメカニズムに比せられるのを経験する。というのも闘争と抑圧に基づく文化諸形式は、ある統一的、自覚的な意志を証するものではないからである。この世界は、主体の世界ではなく、資本の世界である。これまでの歴史は、本来は理解できないものであり、理解できるのは、個人と個々の集団だけである。しかもこれらの個人と集団にしても、非人間的な社会へ内面的に従属していることから、意識的な行為においてもなお相当程度に機械的な機能となっているため、余すところなく理解し得るわけではない。だから先にのべた［主体の全体への］同一化は、矛盾を孕んだもので、それは、批判的思考法に属するすべての概念を特徴づけるような矛盾なのである。そこで、この思考法は、労働・価値・生産性といった経済学的カテゴリーを、それらがこの秩序のなかで通用している通りのものとして認め、それ以外のあらゆる解釈を悪しき観念論とみなす。と同時に、そのように実際に通用しているということを単純にそのまま受け入れることは、ひどい虚偽として現れる。つまり、社会生活を支配しているカテゴリーを批判的に承認することは、同時に、その社会生活に有罪判決を下すことを含意するのである（ホルクハイマー 一九三七＝一九九八：一九〇-一九一）。

（2） カルチュラル・スタディーズは一九六〇年代に英国で制度化し、発展した文化をめぐる批判的研究の潮流である。ここでは日常生活や文化的領域における権力、支配と解放の問題が探究され、メディアが主要な分析対象の一つとなった。

（3） こうした「解放」は、オーディエンスの立場やアイデンティティの多様性が、交渉的な「読み」や対抗的な「読み」の可能性（＝「多様な読み」）に結びつくという前提に基づいていた。とはいえ、その後の論争や、ホールの理論的変遷が示してきたことは、ヘゲモニー政治における多様な読みの可能性の縮減である（山腰 二〇一一a）。つまり、諸個人のテクストの多様な読みは必ずしも現実政治における変動や解放に結びつくものではない点に留意する必要がある。

（4） 機能文法とは、言語の社会的機能に注目した言語学のアプローチの一つであり、言語が「観念構成的」「対人的」「テクスト構成的」機能を持つと主張する（ハリデー 一九九四＝二〇〇一：xxx）。批判的言説分析では、この知見を応用し、ニュース・テクストが社会的出来事を表象する際の語彙や文法の選択において作用するイデオロギーを明らかにしようとする方法論が体系化されてきた（Fairclough 1995: 25-28）。

（5） フェアクラフは機能文法的な方法論を強調する（Fairclough 1995: 58; Chouliaraki and Fairclough 1999）。

（6） 間テクスト性は、あるテクストの意味は他のテクストとの関係において理解されるという考え方である。この概念はあるテクストの生産や解釈には他のテクストやテーマ、ジャンルの引用や参照が伴う点を強調する。このように、テクストは他のテクストの要素から複合的に構築されると理解されるのである（山腰 二〇一一a）。

（7） この分析戦略はChouliaraki and Fairclough（1999）では五段階で示されている。なお、一連の手法はロイ・バスカーらの批判的実在論から着想を得ている。

（8） なお、批判的言説分析の具体的な手続きを整理したものとして、以下も参照のこと（大石 二〇二二：一六八）。
①ある社会的出来事や行為、そしてその出来事や行為の当事者（行為者）がテクストによって表象され、同時に定義

づけられ、意味づけられる過程に注目し、それを分析対象とする。
②それに関連して出来事が、ある特定の歴史的かつ社会的文脈の中で生じることを強く認識し、分析を行う。
③出来事の表象、定義づけ、意味づけという一連の過程で作用する諸規則や慣行も分析対象とし、その作業を通じてテクストや言説が生産、流通、消費される社会の価値（観）の分布を探り当てようとする。
④その作業を通じて明らかになった支配的価値観という構造と、テクストや言説の実践との関連について考察を行う。
⑤こうした定義づけや意味づけという一連の過程の中で、社会的行為者が行う、意味のシステムへの同一化、それを通じてのアイデンティティや社会関係の形成、確立、再生産の過程を分析する。

（9）　生産力ナショナリズムとは、「国家や企業などシステム全体の生産力の増大が国民を豊かにし、幸福にするという近代に固有のイデオロギーであり、かつ政策でもある」と定義される（栗原 二〇〇五：九二）。

（10）　また、別の研究でフェアクラフらは、「政治的言説」の分析を行い、「不適切」な政治的議論のあり方を批判し、「適切」な政治的議論――ここでは公共圏における理想的発話状況とされる――を対置させる（Fairclough and Fairclough 2012）。しかし、どのようにそうした理想的発話状況が「意味づけをめぐる政治」を通じて生成されうるのかについて説得的に論じられていない。

（11）　フェアクラフのアプローチにおいて、「ジャンル」とは「特定の社会的実践と関連し、あるいはその一部を構成する言語の使用」を意味する（Fairclough 1995: 56）。また、「スタイル」は、「アイデンティティや『存在のあり方』の記号論的側面」を指す（Fairclough 2012: 11）。例えばニュースメディアをめぐる「政治のメディア化」は、政治の世界へのメディア的な「会話」ジャンルの浸透として説明される（Chouriaraki and Fairclough 1999: 103）。そしてインタビュー記事やトーク番組の語りが分析される。このように、新たな意味づけの生成をめぐる言説実践の分析は静態的なテクスト分析へと還元されてしまうのである。

（12）　ラクラウらは、一連の批判に応じる中でウィトゲンシュタインの言語ゲームにおける「石材」のエピソードに言及する。すなわち、「Aは石材によって建築を行う。石材には台石、柱石、石板、梁石がある。BはAに石材を渡さねばならないが、その順番はAがそれらを必要とする順番である。この目的のために、二人は『台石』『柱石』『石板』『梁石』という語から成る一つの言語を使用する。Aはこれらの語を叫ぶ。――Bは、それらの叫びに応じて、もっていくよう教えられたとおりの石材を、もっていく」(ウィトゲンシュタイン 一九五三＝一九七六：一六)。この事例が示しているのは、「壁の建設が言語や概念のみによって行われるのではなく、それは建築を行う主体やその行為をも含んだネットワーク全体を伴っている」という点である(山本 二〇一六：六二)。この一連の作業を規定し、関連づけ、意味ある全体として構築しているゲームが「言説」とみなされる(山本 二〇一六：六一)。

(13) 言説と節合との関係については、次の議論を参照のこと。「この議論の文脈において私たちが節合(articulation)と呼びたいのは、節合実践の結果として同一性が変更されるような諸要素のあいだの関係を打ち立てる実践である。節合実践の結果として生じる構造的全体性を、私たちは言説と呼びたい(ラクラウ／ムフ 一九八五＝二〇一二：二四〇。訳一部変更)」。

(14) 「結節点」は主に『民主主義の革命』期のヘゲモニー理論の中で提示され、この概念は後に「空虚なシニフィアン」へと発展した(例えばラクラウ 二〇〇〇＝二〇〇二c、二〇〇五＝二〇一八)。空虚なシニフィアンは、ヘゲモニー闘争の過程で個別の意味を指し示していた政治シンボルが普遍性を獲得していく過程を説明する概念である。例えば個別の政策の中で用いられた「改革」という語句がさまざまな要求と節合することで特定の意味内容を失い、あらゆるものの変革を意味するシニフィアンへと変容する場合、「改革」はヘゲモニー闘争の領域を拡大させる役割を果たすようになる。

(15) 例えば、アパルトヘイトの社会秩序に対する対抗ヘゲモニーを編成したＵＤＦ(統一民主戦線)は、多様な要求をまとめ上げる等価性の論理を展開する一方で、既存のアパルトヘイトの意味体系が形成してきた等価性の連鎖を解体する差異の論理を展開した(Glynos and Howarth 2007: 143)。

第II部　ニュースはいかなる政治的機能を果たすのか

第三章　原発事故をめぐるメディア経験の政治性
――チェルノブイリ原発事故報道の言説分析を中心にして――

1　原発事故をめぐる「危機」と「日常」

本章では、原発事故という「危機」がニュースを通じてどのように経験されたのか、そしてその「政治的」意味はいかなるものかを、第二章で検討した「ニュースをめぐるメディア実践の政治」の視座から論じることにしたい。とくにここでは危機をきっかけに活性化する「政治的なもの」を制御し、日常的な秩序を回復させるニュースメディアの機能を明らかにする。

二〇一一年の東京電力福島第一原子力発電所の事故から一〇年以上が経過する中で、日本社会の（あるいは世界中の）人々はこの事故に起因するさまざまな出来事を経験してきた。とくに、国内初のメルトダウン、放射性物質の大量飛散による広範囲の汚染、被ばく、海水の汚染、あるいは電力不足や計画停電といった一連の出来事は「危機」として経験されたと言える。これらの危機は、日常生活の中断として、あるいは社会秩序の揺らぎとして経験されたのである。

日常生活の中断は、日常の秩序を成立させていた諸前提を可視化させることになった。すなわち、社会の多数によって「常識」と受け入れられていた原発の安全神話であり、その担い手としての「原子力ムラ」という主体である。人々は、それらが日常生活を規定する社会秩序を成立させていた「技術立国」の論理や「経済大国」の論理といった社会的論理の一部であることを（改めて）認識したのである。その結果、危機をもたらした一連の論理の正統性に疑問を持ち、あるいは対抗的な論理を担う異議申し立てが活性化した。そのような異議申し立ては、新しい社会や政治のあり方を構想する政治的論理に基づいた言説実践でもあった。

以上のような説明図式は、「リスク社会論」と多くの共通点を持つ。よく知られるように、代表的な論者であるウルリッヒ・ベックは近代化の過程で科学技術が産業化と結びつきながら高度に発展した結果、予測不能で甚大な被害を及ぼす「リスク」を生み出す可能性が高まってきたと論じている。こうしたリスク社会においては、「科学技術がリスクを造り出してしまうというリスクの生産の問題、そのようなリスクに該当するのは何かというリスクの定義の問題、そしてこのリスクがどのように分配されているかというリスクの配分の問題」が中心的課題となるとしている（ベック 一九八六＝一九九八：二三。訳一部変更）。

注目すべきは、「技術＝経済システム」の諸領域の「政治性」が明るみになるという指摘である（ベック 一九八六＝一九九八：三七七、三八二）。ベックはこの新たな「政治」が議会のような既存の制度的枠組みとは異なる領域で生じると論じ、それが新しい社会形成の原動力となりうる点を強調する

（ベック 一九八六＝一九九八：三八二、四四〇）。この議論に基づくならば、原発事故は既存の社会秩序のあり方そのものを揺るがし、新たな社会編成に向けた「政治的なもの」を活性化させる出来事とみなされることになる。

こうしたリスク社会論は、福島原発事故、あるいは一九八六年のチェルノブイリ原発事故の経験、そしてそれらの「政治性」をくまなく説明しているように見える。しかし、このリスク社会論では説明しえない局面が存在する。それは「日常」の再秩序化である。東日本大震災と原発事故以後、日本社会のさまざまな領域で「危機」と「変革」が叫ばれつつも、結果的に大きな変化が生じなかったという見解は、二〇二〇年代の今日では広く受け入れられている（サミュエルズ 二〇一三＝二〇一六）。いわば、日本社会は「戦後最大の危機」という経験から「日常」という経験へと移行した（あるいは移行しつつある）のである。

例えば福島原発事故では首都圏から数千万人を避難させるという破局的な状況を回避したことに加え、二〇一一年一二月の政府による「収束宣言」などを通じて社会的な危機意識は次第に低下していった。また、これまでの原子力政策を正統化させてきた一連の言説に対する不信感は社会で広範に残存しているものの、他方で人々は例えば汚染水問題の存在を知りつつもそうした問題が存在しないかのように振る舞っている。あるいは東京二〇二〇オリンピックの招致過程においては、このイベントを「復興」の一つの区切りとする主張に対する異議申し立てが幅広い世論を喚起することはなかった(1)。これらはリスク社会論では説明しえない危機と社会秩序をめぐる「政治性」の一つの局面である。

この「危機」と「日常」の関係性の力学は、一部の政策決定者や専門家の間で認識されてきただけでなく、一般の人々の経験の問題でもあり、そうした経験を可能にする言説実践の問題でもある。危機をめぐる社会秩序の揺らぎと再生は、一般の人々の間でどのように経験されてきたのであろうか。この点を考えるうえで一つの手がかりとなるのが、一連の危機が多くの人々にとってメディアによる報道を通じて経験されたという点である。ここで参考になるのが、メディアが日常生活の秩序化において果たす権力作用に注目するアプローチである。このアプローチでは、メディアによる表象、そしてメディアに関する日常的な諸実践の中に、既存の社会秩序を維持し、再生産する不可視の権力作用があるとする（クドリー 二〇一二＝二〇一八）。代表的な論者であるロジャー・シルバーストーンは「現れの空間」としてのメディアの表象機能に注目する中で、「メディアは日々、いとも簡単に、人々の感覚を麻痺させるような方法で、非日常的な出来事を日常的な報道や表象へと変えていく」と指摘している（シルバーストーン 二〇〇七＝二〇一四：九〇）。

つまりメディアによって生産されるニュースは、原発事故のような危機が生じると、これまでの原子力開発・利用のあり方、あるいはそれを可能とする近代社会そのもののあり方の矛盾を明らかにするような対抗言説を編成する可能性に対して開かれている一方で、そうした出来事をこれまで原子力政策を正統化してきたコードによって意味づけ、それを通じて日常的な秩序を回復させる可能性に対しても開かれていると考えることができる。日本社会の多数の人々にとって、この出来事がメディアを通じて経験されるものであったがゆえに、ニュースを中心とした日常的な社会秩序感覚の揺らぎと再秩序化に関する「メディア実践の政治」を分析する必要がある。本章では、第二章で検討した言説分析のアプローチ、とくに政治的論理、社会的論理、幻想的論理から構成される政治的意味作用の分析枠組みに依拠しつつ、原発事故をめぐる報道がいかなるメディア実践だったのかを明らかにする。とくにここで注目されるのは、対抗言説の編成と「政治的なもの」の活性化を抑制・制御するニュースメディアの幻想的論理である。本章はこのニュースメディアの言説実践の政治的意味作用について、『朝日新聞』(以下『朝日』)と『読売新聞』(以下『読売』)を対象に分析する。

日本社会における原発事故のメディア経験を分析するうえで、本章では一九八六年に発生したチェルノブイリ原発事故を対象とする。(2)なぜ福島原発事故ではなく、チェルノブイリ原発事故なのか。第一に、福島原発事故は日本社会において関心が低下しつつも依然として「展開中」の出来事であり、また、そのように受けとめているメディアや世論も一定程度、存在しているのに対し、チェルノブイリ原発事故は三五年以上が経過し、「ニュースをめぐるメディア実践の政治」の過程とその帰結を析出することが比較的容易であるためである。第二に、チェルノブイリ原発事故が発生した当時のメディア環境は、デジタル化によって複雑化した現在と比較してマス・メディアの圧倒的な影響力のもとで形成されており、ニュースメディアが果たした政治的機能をより明確に分析できるためである。第三に、チェルノブイリ原発事故と福島原発事故は出来事としての相同性を有するためである。したがって、チェルノブイリ原発事故に関する分析と検証を通じて、福島原発事故、そして現在生じているさまざまな危機に関する「ニュースをめぐるメディア実践の政治」の理解を深めるための知見を提供したい。

2　チェルノブイリ原発事故のメディア経験

2−1　事故の発生と初報

まずは、チェルノブイリ原発事故がニュースを介して日本社会の中でいかなる出来事として経験されたのかを検討する。

チェルノブイリ原発事故は一九八六年四月二六日に当時のソ連ウクライナ共和国で発生した。チェルノブイリ原発四号機は実験中に暴走し、メルトダウンと爆発を引き起こした。事故の結果放出された放射能はヨーロッパ全土を汚染し、その一部はジェット気流に乗って日本や米国にまで到達した。事故は国際原子力事故評価尺度（ＩＮＥＳ）で最も深刻とされる「レベル７」と評価されている。

日本を含む国際社会では、事故は二七日夜から二八日にかけて北欧で強い放射能が検出されたことをきっかけに発覚した。この時点でソ連は事故を公表していなかった。つまり、この事故は当初、ソ連での発生が推測されつつも、不可視の、さらにはいまだ（公的に）名づけられていない出来事として存在していたのである。

こうした傾向は日本のニュースメディアの第一報でも確認できる。『朝日』は四月二九日の朝刊一面トップで「ソ連で原発事故か、北欧に強い放射能」と報じた。『読売』は社会面で「ソ連原発放射能漏れか、北欧三国で異常値検出」と報じている（『読売』一九八六年四月二九日）。両紙ともにスカンジナビア半島とソ連の位置関係を示す地図を掲載しているが、ソ連のモスクワ以南は含まれていない。[3]つまり、第一報は放射能の異常値を検出するような重大な原発事故がソ連のどこかで生じているという推察にとどまっていたのである。

日本の場合、二九日から三〇日にかけて事故の状況が次第に明らかになり、事態の深刻さが認識されるようになった。その結果、四月三〇日の両紙の紙面は一面、総合面、国際面、社会面を中心にチェルノブイリ原発事故関連の記事で埋め尽くされた。そして、「二千人超す死者?」「数万避難と西側筋語る」「『最大仮想』上回る」「乱れ飛ぶ情報」(以上『朝日』)、「もし日本なら想像を絶する被害に」(『読売』)といったセンセーショナルな見出しが大きく掲載された。しかし、このような衝撃的な出来事もにもかかわらず、事故そのものを明示する「現場」の写真(すなわち、事故炉や周辺の様子の写真)は一切存在しない。中心的な事象が不可視、不在のまま危機的な状況が推測とともに語られるという二日間のメディア経験は、それ自体「非日常性」を表象し、人々の不安を喚起したのである。[4]

2―2 「非日常性」と「不安」

四月下旬から五月上旬の『朝日』と『読売』において、チェルノブイリ原発事故およびその影響は「不安」や「恐怖」といった語彙によって定義づけられた。

両紙は事故直後、「死の〜」という語句を多用し、またそこから連想される「恐怖」という言葉で事故と放射能汚染を表現している。すなわち、「暴走する死のかまど」(『朝日』一九八六年四月三〇日)、

「情報の壁に恐怖増幅」(『朝日』一九八六年四月三〇日夕刊)、「〝死の灰〟の恐怖」(『読売』一九八六年五月一日夕刊)といった見出しである。

加えて「不安」という表現も国内外の状況の定義づけにしばしば用いられた。

ポーランドは…(略)…〝パニック〟寸前の不安が広がっており事故の波紋が周辺国に急速に広がっている(『読売』一九八六年四月三〇日夕刊)

炉心溶融という最悪の事態となったソ連のチェルノブイリ原子力発電所の事故をきっかけに、原発立地地区の住民や反原発団体の間から不安の声があがっている(『朝日』一九八六年五月一日)

このように、チェルノブイリ原発事故は非日常の出来事として日本社会において不安を喚起した。初期報道では、「放射能汚染が日本にまで広がるのか」という側面に加え、「日本の原発は安全か」という側面も語られていた。しかしながら、次第に前者のニュース・バリューが高まっていった。放射能が五月四日に日本に到達すると、「初めて体験する、原発事故による放射能汚染への不安が、改めて全国に広がった」(『朝日』一九八六年五月五日)と報じられた。すなわち、チェルノブイリ原発事故は外部から到来する不可視の「危機」という形で意味づけられるようになったのである。

2-3 「安全」をめぐる初期報道の政治的意味作用

とはいえ、チェルノブイリ原発事故に関する一九八六年時点でのメディア経験の特徴は、こうした「危機」という観点からの状況の定義づけが急速に沈静化したことである。言うまでもなく、汚染レベルが欧州ほど深刻ではなかった点がその主要因として挙げられる。六月六日に政府は「安全宣言」を出し、以降「不安」を伝えるニュースは減少した。

政府による「安全宣言」は、社会的な不安を緩和し、状況を「非日常＝危機」から「日常」へと再転換させる効果を有していたとみなされる。さらに政府の安全宣言より以前から、同様の効果を意図した言説実践が原発推進に関わるさまざまなアクターによってニュースの中で展開されていた。

日本の原発の安全性を強調する言説を担ったのは当時の通産省、科学技術庁、電力業界などである。これらの組織は①日本はチェルノブイリ原発から遠く離れているため、放射能が到来することはない、②日本の原発はソ連の原発と構造が異なる、③日本の原発には原子炉格納容器が存在し、放射能が外部に流出する可能性はない、という「安全」を強調する主張を事故直後から発信した。一連のアクターの発信する情報はニュース・バリューが高いため、『朝日』および『読売』は積極的に報道した。ただし、危機のメディア経験という観点からこの時期の新聞記事の言説的な特徴で注目すべきは、ニュースのテクスト上では不安を解消しようとするこれらの言説戦略と、日本の原子力政策や原発のあり方そのものを問い直そうとするジャーナリズムの批判的態度とがせめぎ合っていた点である。

日本の原発の安全性を強調する主張は『読売』でより明示的に表象された。同紙は四月三〇日朝刊で、「日本のとは別炉型、原子力開発には影響小」と報じている。また、五月一日朝刊には「日本原子力は、ソ連の原子炉とは構造、設備が異なる」とする官房長官の発言を引用しつつ「日本の原子炉は万全の備え、官房長官強調」という見出しを掲載した。『読売』ではしばしばこれらの情報を発信する主体が情報源として明示されていない。これは、一連の情報を「議論の余地のない前提」として表象する効果を持つ。

その一方で『朝日』は一連の「安全」を強調する言説実践に対して一定の距離を置いていたことがうかがえる。例えば「『日本ではありえぬ』通産省、不安鎮静に躍起」（『朝日』一九八六年四月三〇日）、「電力業界などは、我が国とは構造が違うと不安の打消しに懸命だが…（略）…」（『朝日』一九八六年四月三〇日夕刊）などという表現のように、安全性を強調する主体の存在が明示されている。これは、『朝日』の立場がこれらの主体と一体化せず、別の立場から安全性をめぐる議論を報じていたことを示している。そして、五月一日付の社説では「わが国の原子力関係者には、日本の原子炉とソ連の事故炉の違いを理由に対岸の火事視するのではなく、むしろ原子力発電所としての共通性を努めて重視し、ソ連の過ちを教訓として生かすようにしてもらいたい」と論じている。こうした主張は、安全性を強調する言説実践に対抗し、日本の原子力政策、あるいは原子力に依存する社会のあり方そのものを批判的に捉えるような「政治的なもの」をジャーナリズムのメディア言説として活性化させる可能性を示していたのである。

2—4 「冷戦」フレームによる「日常」への回帰

このように、事故直後の報道では、社会に広がる不安を背景に、日本の原発とソ連の原発を同一のリスクとして連関させる言説実践と、日本の原発の「安全性」を強調し、ソ連（の原発）との間に境界線を構築する言説実践とがせめぎ合っていた。

しかしながら、ソ連の原発と日本の原発を同一のリスクとみなす言説実践はその後急速に潜在化し、ソ連の原発との区分を明確化する視点が前景化する。こうした政治的意味作用の展開は、上記の「安全」を強調するアクターの言説実践の効果とみなすこともできる。だがこの危機をめぐるメディア経験としての特徴から留意すべきは、未曾有の原発事故によって喚起された不安を鎮静化し、社会秩序を回復させる機能を果たす、マス・メディアの幻想的論理に基づいたメディア実践の意味作用である。

チェルノブイリ原発事故をめぐって作用した幻想的論理の一つは、ソ連と西側諸国とを二項対立図式のもとで捉える「冷戦」フレームである(5)。このフレームは五月一日の段階ですでに、「ソ連に対して情報公開を迫る西側諸国」という図式で『朝日』の「報道の陰に激しい情報戦」という記事と、同日の『読売』の一面記事「サミット緊急議題調整、ソ連原発事故、西側の査察求める」という記事において顕在化している。その後、東京サミットのニュース・バリューが高まるにつれ、この説明図式が繰り返し登場するようになった。

東京サミットの開幕を報じた五月五日の朝刊一面で『朝日』は「原発・反テロ声明で合意」と見出しを掲げ、サミット出席者たちの集合写真をその下に据えた。これは、ソ連（＝原発）とリビア（＝

テロ)[6]に対して西側諸国が結束して対峙するという今回のサミットのあり方を表象している。六日朝刊では、この構図を引き継ぐ形で「政治三文書、対ソ戦略を優先、西側の結束誇示」という解説記事を掲載した。『読売』もまた、同様の構図に基づいて五日朝刊で「痛かった原発事故、ソ連、西側結束に弾み警戒」と報じている。このように、チェルノブイリ原発事故をめぐる新聞報道では、東京サミットを一つの契機として当時の国際政治の文脈、すなわち「冷戦」のフレームからこの出来事が意味づけられるようになった。

その結果、「国際問題としてのチェルノブイリ」というテーマの報道において、国境を越えて生じる危機に対して、原発のあり方を自らの問題として考えるという意味づけ方よりも、西側諸国が一致してソ連に対して情報開示を求めるという意味づけ方が優勢となった。例えば『朝日』は一連の事故をめぐってソ連の「秘密主義」を指摘し(『朝日』一九八六年五月一六日社説)、ソ連の対応を「失態を世界にわびるよりも、西側の『誇大宣伝』を非難し、核軍縮の必要にすりかえるのに忙しい」と批判し、「これでは東西の信頼強化も軍縮も進みにくくなる」と論じている(『朝日新聞』一九八六年六月一七日社説)。『読売』の五月一六日の解説記事「〝ソ連流処理法〟再び、原発事故と平和攻勢」でも「事実隠しの後は責任転嫁、そしてさりげなく軌道修正」として、同じ構図でソ連を批判している。そしてそのうえで、「西側は冷静な対応必要」とし、西側の結束を求めている。こうした原発の対応をめぐる批判は、ソ連の異質性を強調し、ソ連の体制そのものに対する批判へと結びつく。『読売』は五月二四日に「原発事故から一か月」という特集を掲載し、「情報なお一方的、劣悪な組織こそ大問題」として、ソ連の体質そのものが問題であると指摘している。[7]

このように「冷戦」フレームに基づいてソ連を異質な他者＝「彼ら」と表象するニュースメディアの言説実践は、「我々」＝西側世界を正しいものとして表象することへと結びつく。七月二六日の『読売』は「チェルノブイリ事故三か月（下）、情報公開、西側との差露呈」という特集を組んだ。ここでは西側諸国では原発事故が発生した際に公開ないし報道が行われるとし、それに対置されるものとしてソ連の情報公開を批判している。また、そうした議論はさらに日本の原子力行政を肯定的に捉える視点とも関連する。一〇月四日の『朝日』社説は、「ソ連の社会における『安全文化』の不足」を指摘し、それに対し、「わが国の原子力基本法に盛り込まれた自主・民主・公開と平和利用限定の原則は、そうした文化の一つといってよいだろう」として原発の「安全文化」が定着した日本を対比させている。

以上のように、「冷戦」フレームに基づいてソ連と西側を二項対立図式として捉え、事故の原因をソ連の異質性に求めると同時に西側＝日本の原発の安全性を強調する言説実践がマス・メディアのニュースにおいて顕在化し、「優先的な意味づけ」を形成してきた。無論、そうした意味づけは情報操作などではなく、ジャーナリズムの専門文化に基づいた言説実践の結果として成立したものである。「冷戦」フレームは当時、国内外のさまざまな出来事を意味づけ、解釈する際に積極的に参照されていた。ニュースは「非日常」や「理解不可能なもの」を、社会の支配的価値観に基づく説明図式を通じて「理解可能なもの」「説明可能なもの」へと変換する。こうしたニュースメディアの慣習化された言説実践は、「危機」の状況においては幻想的論理に基づいて「日常」を回帰させる。したがって、チェルノブイリ原発事故という「危機」に対しても、ニュースメディアは「冷戦」という従来のフレームで説明可能な出来事として意味づけることで、「日常」を再秩序化する機能を果たしたのである。

2−5　ニュースメディアの報道様式の中の幻想的論理

チェルノブイリ原発事故に関する初期報道において機能したもう一つの幻想的論理が、「問題解決」というパターン化された報道スタイルである。「冷戦」フレームが当時の歴史的、政治的文脈に依存した幻想的論理であったのに対し、「問題解決」は出来事を継続的に報道するニュースメディアの言説実践の特徴である。つまり、社会問題や事件・事故に関する継続的な報道は、「発生−展開−終結」という物語構造を持ち、その過程において「問題解決」あるいは「終結」という報道はニュース・バリューと世論の関心の低下をもたらす（大石 二〇一四）。チェルノブイリ原発事故においても、「終結」「解決」の根拠を探し出そうとする報道スタイルは社会の不安を解消し、結果的に「政治的なもの」の活性化を抑制する幻想的論理の役割を担ったのである。一九八六年段階でのチェルノブイリ原発事故に関する報道量は、六月に一度大きく減少し、八月に再度増加した後、さらに大きく減少している。したがって、この二つの時点に「問題解決」としての意味づけが成立しうる報道があったと考えられるのである。

第一の契機は、五月の下旬から六月にかけて、日本の放射能汚染に関する脅威が薄らいだことによる。国内の放射能汚染の影響が少ないと判明すると報道量は減少し、そうした報道量の減少そのものが「危機は一段落した」という意味づけを成り立たせた。そして六月六日の政府による安全宣言は、

表　『朝日新聞』と『読売新聞』の1986年のチェルノブイリ原発事故関連報道の推移（記事件数）

「聞蔵Ⅱビジュアル」「ヨミダス歴史館」を利用。「チェルノブイリ」および「原発事故」で検索。

1986年	4月	5月	6月	7月	8月	9月	10月	11月	12月	合計
朝日新聞	57	274	74	48	75	23	14	3	13	581
読売新聞	41	104	36	11	39	17	11	6	12	277

国内問題としての「終結」を正式に確認する出来事として表象された（『朝日』『読売』一九八六年六月六日朝刊・夕刊）。この過程で新聞のニュース・バリューは他の争点、例えば衆参同日選挙へと移行した。象徴的な紙面は、五月二三日の『読売』社会面である。ここには、放射能監視体制の縮小を伝える記事が小さく掲載されている。一方で、大幅に紙面を割いて報じられている出来事は、衆議院の解散・衆参同日選挙をめぐる政局である。かくしてメディア経験としてのチェルノブイリ原発事故の危機は、国内問題としての争点を潜在化させた。その後、七月の衆参同日選挙に関する報道が増加する中で、チェルノブイリ原発事故直後にもかかわらず、国内の原子力政策や原発のあり方が選挙の争点になっていない。選挙報道で大きく争点化されなかった点もまた、この出来事が国内においては「終わった」と受け取られていたことを示している。

それに対して、九月以降の報道量の減少は、「国際問題」としてのチェルノブイリ原発事故が「解決」したと意味づけられたことに起因する。その重要な契機は、八月のＩＡＥＡ（国際原子力機関）専門家会議である。この会議の直前にソ連は事故に関する最終報告書を発表し、事故の原因を作業員の規則違反による「人為ミス」と断定した。一連の過程について、『朝日』は「ソ連原発、重大ミス六つ重ね爆発」（『朝日』一九八六年八月一六日）、「異常な人為ミスへ、設計上の備え欠いた、原発事故でソ連会見」（『朝日』一九八六年八月二二日）などと報じ、ＩＡＥＡ専門家会議については「チェルノブイリ原発事故、ＩＡＥＡ専門家会議、全体像に詳細なメス」と報じた（『朝日』一九八六年八月二六日）。『読売』も「単純ミスが招いた原発事故、安全確保、最後は人間に」（『読売』一九八六年八月三〇日）と報じた。重要な点は、この国際会議の閉幕を伝える報道における「事故の教訓」という表現である。例えば『読売』は、「ソ連原発事故の教訓」を指摘している（『読売』一九八六年九月一三日）。この「教訓」について、一〇月三一日には『原子力白書』の内容が紹介されている。白書はチェルノブイリ原発事故を教訓に日本の原発の安全対策の徹底化を主張するものとして紹介されている（『読売』一九八六年一〇月三一日夕刊）。以上のような「人為ミスへの対応」「安全対策の徹底化」を教訓とする一連の報道は、この危機が制御しうる形で収束し、日常が取り戻されたという意味づけを成立させたのである。

これら二つの出来事を契機として、事故報道は日本社会にとって「終わった出来事」として表象されるようになった。チェルノブイリ原発の一号機の運転再開（『朝日』一九八六年九月三〇日）、二号機の再開（『読売』一九八六年一一月一一日）、事故を起こした四号機のコンクリート「埋葬」の完了（『読売』一九八六年一二月六日、『朝日』一九八六年一二月八日夕刊）が報道されるが、いずれも「べた記事」の扱いであった。

3　対抗言説の編成と政治的意味作用の再活性化

3－1　「不安」の残存と「新しい社会運動」

以上のように、チェルノブイリ原発事故を「危機」と意味づける「非日常性」のメディア経験は日本社会においては一九八六年の間に収束した。それを可能にしたのはソ連の原発と日本の原発を区分けし、また、危機を「解決」と報じることで関心を低下させるニュースの言説実践を規定する幻想的論理の文法や規則であった。そしてチェルノブイリ原発事故という出来事は、社会のあり方を再考させるような未曾有の「危機」というよりは、従来のコードやフレームによって説明・解釈可能な一つの「事故」として表象されたのである。

だが、果たして日常は元通りになったのであろうか。人々はチェルノブイリ原発事故というメディア経験を、ニュースメディアの幻想的論理の文法や規則に完全に一致させる形で解釈していたとは言い難い。一九八六年八月に『朝日』が実施した世論調査によると、チェルノブイリ原発だけでなく、日本の原発においても大事故が起こるという不安を感じると回答した割合は六七％であった（『朝日』一九八六年八月二九日）。また、総理府（当時）が一九八七年八月に実施した「原子力に関する世論調査」でも、八六％が原子力発電に不安を抱くと回答している（総理府 一九八七：一三）。一連の世論調査から、チェルノブイリ原発事故の影響や原発事故のリスクに関する不安が社会に一定程度、残存していたことがうかがえる。

原発事故をめぐるメディア経験のこの二つの矛盾、すなわち一方における「日常」の再秩序化に向けた幻想的論理の意味作用と、他方における人々の「不安」の残存をどのように説明しうるだろうか。「エンコーディング／デコーディング」モデルが示してきたように、ニュースの受け手はニュースを多様に意味づけ、解釈する可能性を持つ。つまり、チェルノブイリ原発事故後の社会の再秩序化を担った幻想的論理は一般の人々のメディア経験を完全に統制・統御しえないのである。

むしろ、「ニュースをめぐるメディア実践の政治」にとって重要なのはこの矛盾である。まさにこうした矛盾の存在が、事故から約一年が経過し「日常」が回帰した中で、大規模な脱原発運動と対抗的言説が発展したことを説明しうるからである。第二章で論じた通り、ラディカル・デモクラシーはこうした矛盾を「政治的なもの」の観点から分析してきた（Howarth and Stavrakakis 2000; Glynos and Howarth 2007）。このアプローチは、ある社会的出来事が既存の社会秩序における支配的な論理（社会的論理）では解釈しえない矛盾として経験されることを「敵対性」という概念によって説明する。敵対性は社会秩序を規定する支配的論理に対する異議申し立てとその担い手たる政治的主体が生まれ、発展する契機となる（ラクラウ 一九九〇＝二〇一四：三六－三七、六一－六二）。チェルノブイリ原発事故後の「不安」は、既存の社会的論理——例えば原発の安全神話や技術立国に関する論理——では制御、吸収しえない敵対性を活性化させる要因とみなしうる。つまり、こうした敵対性が残存する限りにおいて、チェルノブイリ原発事故のメディア経験をめぐる政治的意味作用は何らかのきっかけで再活性化し、既存の社会秩序への異議申し立てを担う「脱原発」の対抗言説が政治的論理の文法や規則に基づいて生成・発展すると考えられるのである。

チェルノブイリ原発事故をめぐるメディア経験に残存した敵対性は、一九八七年の輸入食品の放射能汚染をきっかけに活性化し、福島原発事故以前では最大規模の脱原発運動へと発展した。この輸入食品問題を契機として活性化した異議申し立ては、都市在住の主婦層を中心に、既存の組織に依拠しないネットワーク状に展開した単一争点型運動であった。

先行研究では、社会運動論の観点から、この運動には産業社会のあり方やライフスタイル、ジェンダーなど、近代を構成してきたさまざまなコードに対する異議申し立て、あるいは疎外された（集合的）アイデンティティの回復を目指す志向性が含まれていたと指摘されている（高田 一九九〇、長谷川 一九九一、田島 一九九九、本田 二〇〇五）。この点は本章の観点からも重要な指摘である。よく知られるように、一九六〇年代後半以降に顕在化してきた環境保護、人種やジェンダーの差別撤廃、反核など、多様な主張を掲げる一群の異議申し立ては、欧州を中心に「新しい社会運動」として注目されるようになった（メルッチ 一九八九＝一九九七、伊藤 一九九三）。「新しい社会運動」論によると、これらの抵抗運動は、日常生活や文化の多様な領域に浸透した不可視の権力の告発を行うとされる。また、運動の特徴として、アイデンティティの構築を伴う点、そして必ずしも物質的な利益にとどまらない多様な諸価値の実現が目指される点が指摘される。とくに重要なのは、こうした対抗運動が有する意味構築的な側面である。すなわち、現代社会の抗争は情報やコードといったシンボリックな資源をめぐって展開される（Melucci 1996）。対抗運動は、支配的コードによって構成された不可視の権力を対抗的なコードによる意味づけ（「名づけ（naming）」）によって明らかにする。そして新たなアイデンティティや価値観の意味構築を通じてシステムの論理そのものの変革が目指されるのである。すなわち、「新しい社会運動」としての脱原発運動は、社会秩序を成立させている社会的論理そのものに対する対抗的な言説実践を伴っていたと考えることができる。こうした点から、この運動は既存のヘゲモニックな秩序に異議申し立てを行い、新しい生活様式や社会のあり方を構想する政治的論理に基づいた言説実践を伴っていたとみなされる。

以上の二つの議論、すなわちラディカル・デモクラシーの言説理論と「新しい社会運動」論から、対抗言説の編成と「政治的なもの」の発展の条件を説明することができる。したがって、本章の関心から問われるべきは、そうした運動によって担われた対抗言説がニュースで報じられる中でいかなる政治的意味作用が生じたのか、という点である。つまり、脱原発運動がニュースメディアにどのように報じられ、そしてそれが脱原発運動の対抗言説によって活性化した「政治的なもの」の拡張や発展、あるいは縮小や衰退とどのように関連していたのかを分析することが、「危機」と「日常」をめぐるメディア経験の政治的力学の解明につながるのである。

3―2　脱原発運動の展開とニュース報道

チェルノブイリ原発事故後の日本社会で、「脱原発」を掲げる対抗言説は一九八七年以降発展し、次第にニュースとして報道されるようになった。その結果、原発問題は人々のメディア経験の中で再び争点化し、ニュースにおける政治的意味作用は再活性化した。

先述の通り、チェルノブイリ原発事故を契機とする大規模な脱原発運動は、一九八七年一月の輸入食品の放射能汚染をきっかけとしていた（吉岡 二〇一一：二〇二）。輸入食品の放射能汚染という事実に加え、国の暫定基準の妥当性や検査体制そのものに関して子を持つ女性を中心に不安が広がった。それは例えば放射能を独自に測定する運動などへと発展した。また、一九八七年四月に広瀬隆の『危険な話』、七月に甘諸珠恵子の『まだ、まにあうのなら』といった放射能汚染をめぐる諸問題を告発する書籍が出版され、女性たちを中心に広く読まれ、講演会などが盛んに行われるようになった（烏谷 二〇一二）。こうして「一九八七年を通じて、都市部を中心に全国各地で主婦層の新しい反原発グループが多数形成されていった」のである（本田 二〇〇五：二〇三）(8)。

対照的に、一九八七年の一連の出来事に関する『朝日』および『読売』のニュース・バリューは高くなかった。最初に暫定基準を超える放射能が検出された同年一月九日のトルコ産ヘーゼルナッツの事例は、『読売』が同日夕刊の一面と社会面で掲載するなど、比較的大きく扱われた（『朝日』『読売』一九八七年一月九日夕刊）。その後も両紙は二月六日夕刊でトルコ産月桂樹とセージ、フィンランド産牛肉の汚染について報じている。また、『朝日』はスウェーデン産トナカイ、ヨーロッパ産月桂樹、セージ、ヒースの汚染を報じている（『朝日』一九八七年二月一三日夕刊、五月九日）。『読売』もイタリアとスペインから輸入されたアーモンドとハーブ茶の汚染を伝えた（『読売』一九八七年五月二九日）。しかしながら、これらの出来事は一月九日の記事を除いて一面に掲載されなかった。また、論調もセンセーショナルなものではなく、厚生省（当時）の発表をもとにした事実報道が中心で、「人体への影響はない」とする同省の見解が繰り返し引用された。

すなわち、この時点における新聞に代表される主流ニュースメディアの言説実践は、チェルノブイリ原発事故は少なくとも日本社会にとっては「終わった出来事」として「日常」を再生産する機能を果たしていたと考えられる。そのことを示唆する報道として、第一に、チェルノブイリ原発事故から一年が経過した同年四月の報道は、日本社会における議論ではなく、欧州における放射能汚染の実態と脱原発世論の高まりに主たる関心が向けられている（例えば「食糧汚染の衝撃」『読売』一九八七年四月二六日）。つまり、チェルノブイリ原発事故は「対岸の火事」視されていたと言える。

第二に、脱原発のデモは東京でも一九八六年の秋ごろから一五〇〇人を動員する規模のものが実施されるようになったが（笹本 一九九九：二八三―二八四）、両紙のニュース・バリューは高くなかった。脱原発運動の集会について報じたのは、チェルノブイリ原発事故から一年にあたる四月二六日の集会に関してのみであった（『朝日』一九八七年四月二五日、二七日、『読売』一九八七年四月二七日）。

第三に、原子力政策については、一九八七年の時点では両紙は従来と同様に推進の立場をとっている。例えば『朝日』は、政府・原子力委員会が発表した原子力開発利用長期計画に関する社説でチェルノブイリ原発事故など、「原子力をめぐる状況に変化はあったものの、長期的にみれば同委員会〔＝原子力委員会〕の開発推進の姿勢は妥当だと思う」と評価し、「途上国に超安全原子炉を供給するといったことも、これからは、日本に課せられた責務となってくるだろう」と原発の積極的な推進政策を支持する主張を展開している（『朝日』一九八七年六月二四日社説）。また、同じ原子力開発利用長期計画に関する『読売』の解説記事では、「新計画がシナリオ通りに進めば、日本は世界をリードする〝原発大国〟になる」と評価している（『読売』一九八七年七月六日）。

以上のように、一九八七年の段階では、少なくとも全国紙のレベルにおいて、国内の「脱原発」世論の形成や運動の活性化は明示的に報じられていない。しかしながら、不安を抱える女性たちにとって、主流ニュースメディアにおける報道の停滞と自らの「不安」の経験とのギャップが一層、敵対性の拡張をもたらしたと考えることができる。そして、不安を抱える女性たちにとって自らの不安や原発事故の影響を説明するためのフレームやコードを提供したのが、広瀬隆や甘蔗珠恵子の一連の著作だったのである。とくに広瀬の著作は、マス・メディアは原発を推進する権力構造に組み込まれているために「真実」を報道していないという説明図式を提供した（広瀬 一九八九）。こうした対抗的な言説実践が女性を中心とする集団の中で共有されるようになり、結果として、脱原発のネットワークはマス・メディアのニュース・バリューを満たすレベルにまで拡大したのである。

3―3　脱原発運動のメディア表象

『朝日』や『読売』において、脱原発の運動や世論は事故から約二年、輸入食品の汚染が発覚してから約一年が経過した一九八八年ごろから大きく取り上げられるようになった。

第一の要因は、一九八八年二月の伊方原発再調整試験[9]の反対デモである。愛媛県の四国電力伊方原発は、一九八七年一〇月に一回目の出力調整試験を実施した。それに対し、チェルノブイリ原発事故を引き起こした実験も原発を低出力状態にする点で共通しているという指摘がなされた。二回目の試験が一九八八年二月に実施されることが明らかになると、一九八八年一月二五日に四国電力本社がある香川県高松市で反対集会が開かれ、デモには約一五〇〇〇人が参加した。また、二月一一日にも集会が開かれ、約五〇〇〇人が参加した（本田 二〇〇五：二一七）。『朝日』は、二月一一日から一二日にかけて高松市および愛媛県伊方町で行われた抗議活動について、二月一二日の夕刊の一面および社会面で大々的に報じた。この脱原発運動のニュース・バリューが高くなった理由として、参加者が大規模であった点に加え、機動隊とデモ隊とのにらみ合いやもみあいといった緊迫した状況が展開した点が挙げられる。

第二に、主婦を中心とした女性たちのネットワークに対して「ヒロセタカシ」現象という名称が与えられたことである。『読売』は一九八八年三月二五日から二七日にかけて、婦人面で「げんぱつ現象」というシリーズを連載し、広瀬や甘蔷の書籍の影響について言及している。そしてこれまで原発問題に関心を抱いていなかった主婦層が食料品の放射能汚染に不安を感じ、同じ不安を共有する主婦のネットワークを通じて運動に参加した経緯が語られている。『朝日』は一連の「脱原発」の潮流を「ヒロセタカシ」現象と名づけた（『朝日』一九八八年四月二日、『読売』一九八八年六月一一日社説）。こうした「名づけ」は、脱原発のフレームを共有した集団の規模の拡大をニュース・テクスト上に可視化させるとともに、脱原発のネットワークに対するニュース・バリューを高める機能を果たしたと言える。

第三に、脱原発運動および世論の活性化を受け、通産省や電力業界を中心としたPR戦略がマス・メディア上で展開されたことである。PR活動の主たる対象は広瀬の『危険な話』に向けられ、例えば東電が「海外からの証言」という反論ビデオを制作したことが『朝日』および『読売』両紙で報じられた（『朝日』一九八八年六月四日、『読売』一九八八年六月五日）。また、日本原子力文化振興財団による『危険な話』への反論本の出版も報じられている（『朝日』一九八八年九月六日夕刊、一一月一日夕刊）。一連の動向は原発の安全性を強調することで、世論が原発に抱く不安を解消させることを狙ったものであるが、新聞両紙は原子力推進主体のそうした意図も含めて報じている点が注目される。

同庁（通産省・資源エネルギー庁）は、反原発運動が地元の住民だけでなく、原発から遠く離れた都市部にも広がってきたことに危機感を強めている。また、最近の反原発運動が、「原発は危ない」という感性に訴える作戦で効果をあげているとし、鎮静化のため、広報活動が必要と判断した（『読売』一九八八年五月七日）。

これらの報道を契機として、脱原発運動に対するニュース・バリューが高まり、報道量も増大した。伊方原発の出力調整実験直後の一九八八年二月一八日の『朝日』に脱原発運動の新動向に関する解説記事が掲載された。さらに、チェルノブイリ原発事故から二年後の一九八八年四月に行われた反対集会の報道は『朝日』で五件、『読売』で二件と前年に比べて積極的に報道されるようになった（『朝日』一九八八年四月一九日夕刊、二三日、二三日夕刊、二四日、二五日、『読売』一九八八年四月二三日夕刊、二五日）。

『朝日』は一九八八年五月四日に「高まる反原発運動、政党・労組超えた広い参加層」という解説記事を掲載した。この記事は上記の主婦のネットワークを脱原発運動の新たな参加層とみなしている。

また、泊原発（『朝日』一九八八年七月二一日夕刊、『読売』一九八八年一〇月一七日夕刊）、女川原発の新設（『朝日』『読売』一九八八年八月二五日夕刊）、六ヶ所村（『朝日』一九八九年四月一〇日）への抗議活動も積極的に報じられた。このように、女性たちによって担われ、都市部で展開する新しい運動と、従来から存在する原発立地地域の紛争が共通の脱原発運動の主体として関連づけられるようになった。

また、マス・メディアは脱原発派と原発推進派の論争を積極的に紹介するようになった（『朝日』一九八八年八月八日夕刊、九月一一日）。とくに『朝日』は広瀬隆、高木仁三郎（原子力資料情報室代表）、鈴木篤之（東京工業大学教授）、宅間正夫（東京電力原子力業務部部長）を迎えて討論の企画記事を掲載した（『朝日』一九八八年五月二六日）。さらに同紙では一九八八年を中心に読者の投稿欄でも論争が展開した(10)。

これらの変化は原発報道をめぐる政治的意味作用の力学の大きな転換を示している。すなわち、「脱原発」をめぐる対立や紛争がマス・メディアの報道を通じて可視化し、ニュースを通じたメディア経験の中で原発問題をめぐる「政治的なもの」が活性化したのである。

3-4 対抗言説の担い手としての「女性／主婦」と「政治的なもの」の活性化

この過程で生じた報道の特徴として、「女性／主婦」という主体が対抗言説の担い手として積極的に表象された点が挙げられる。第二章で論じたように、こうした政治的主体の構築は政治的論理の作用の一つであり、より広範なヘゲモニー闘争へと発展する基盤となる。『朝日』と『読売』の場合、伊方原発の出力調整試験をめぐる反対運動が、運動の担い手としての女性が明確に可視化されるきっかけであった。『朝日』は「原発不安に女性パワー、各地で集会や街頭行動」という見出しを掲げた(『朝日』一九八八年二月一〇日夕刊)。四月二三日には「日本国内の反原発の動きが、これまでにない高まりをみせている。政党色が薄れ、主婦層が運動の中心になっているのが新しい。運動は具体的で、多様だ」と解説を加えている。また、先述の通り『読売』も一九八八年三月二五日から二七日かけて、「主婦」や「女性」に焦点を当てた「げんぱつ現象」という連載を掲載した。このように、一九八八年ごろから原発問題をめぐって「女性/主婦」という主体が積極的に報じられるようになった。

こうして「原発の安全性」をめぐる主婦たちと推進派との対立が紙面上で顕在化した。『朝日』や『読売』は一連の論争を紹介しているが、そこでは主として「輸入食品汚染の影響」「原発の安全性」「放射性廃棄物」「原発のコスト」などが問われていた(例えば『朝日』一九八八年九月一一日夕刊)。しかしながら「原発問題がイデオロギー論争の枠を超え、日常的な市民生活の問題として語られ始めている現実を浮き彫りにした」という指摘(『読売』一九八八年一二月九日)にもあるように、主婦たちの担った対抗言説が既存の議論の枠組みに回収されえないものであることも示唆されている。例えば、「食品の安全性などに関心を持つ人にとって、原発は生命の存続にかかわる問題、意識の根っこが揺らぐ問題なんです」(大分県の主婦)、「チェルノブイリ以降、どんな世界になるのか、そこへ生命を送り出していいのか、不安です」(妊娠中の女性)、「初めはとにかく家族に安全なものを食べさせたい、子ども守らなくちゃというエゴですよね」(二人の子を持つ母親)といった女性たちの「声」を引用しつつ、人々の生活様式や、生命と自己決定の関係性が問われている点が紙面でも紹介されている(『朝日』一九八八年二月一八日、四月一九日、『読売』一九八九年三月二日)。これは新しい脱原発運動が担った対抗言説の特徴、すなわち立地地域の利害関心や放射能汚染のリスクといった従来型の争点には回収しえない、近代社会のあり方そのものをラディカルに捉え直そうとする視点がメディア・テクスト上でも反映されたことを示している。

その結果、主婦たちの担った対抗言説は、安全神話や技術立国の論理、地域振興の論理といった原発問題をめぐる従来の社会的論理に回収しえない次元で展開し、メディア・テクスト上で展開される推進派と反対派との議論のギャップが明確になった。『朝日』では、電力各社が「今までの原発広報では対処できない」という危機感を募らせていることを報じている（『朝日』一九八八年四月二日）。政府や電力会社による積極的なPR活動はそれ自体、社会秩序の維持のために制御が必要な敵対性が拡張していることの証左であった。そしてメディア・テクストがそうした対立が展開する場所となっていたのである。主婦たちの異議申し立ては、新聞紙面上に従来の原発推進に関わる社会的論理を改めて可視化させるとともに、そうした論理では説明しえない矛盾も可視化させたと言える。こうして「女性／主婦」を政治的主体とする対抗言説は、原発問題をめぐる「政治的なもの」を活性化させたのである。

以上のような対抗言説の広がりとそれに伴う「政治的なもの」の活性化は、全国紙の原子力開発・利用に関する論調の変化をもたらした。顕著な変化は『朝日』にみられる。『朝日』は、伊方原発の出力調整試験に対する反対運動が生じた後、一九八八年四月四日に「原発立地はこれでよいのか」という社説を掲載した。社説では、原子力発電開発が「新しい局面を迎えた」と指摘し、「自然食品グループや子供連れの主婦が前面に出た反対運動は、先の四国電力・伊方原発の出力調整問題でも脚光を浴びたが、歌や踊りをまじえた〝楽しい反原発〟のしたたかさと効果を見せつけた」と論じている。さらに、チェルノブイリ原発事故の発生から二年にあたる四月二六日には「立ち止まって原発を考えよう」という社説を掲載した。そして「日本における原子力開発の行く末を冷静に、長期的視野で再吟味する必要があると考える」と主張している。推進派と脱原発派の意見を紹介しつつ、「原発の是非は、それぞれ論拠がある。社会全体の将来のビジョンに沿って点検し、人びとが納得できる選択をしていく必要がある。まず立ち止まり、当局者を含む多角的な議論を深めることを提唱したい」とまとめている。脱原発派の主張を一部組み込みつつ原子力開発・利用の今後のあり方を議論する必要性を論じるこの社説では、前述の一九八七年六月二四日の社説で示されていた原発政策の積極推進の立場から論調が変化していることが分かる。

一方、『読売』もまた、「チェルノブイリ原発事故後、食品の安全性に関心が高まったのは当然だった」としつつ、「原子力の安全性に対する理解と信頼が十分に得られないでいる」と指摘している（『読売』一九八八年一〇月一四日社説）。そして「原発という重要な問題について、不安感や反対を傍観するような態度は行政の怠慢である」として、そうした不安を解消させるような情報提供を政府に求めている（『読売』一九八八年六月一一日社説）。

以上のように、「女性／主婦」という表象は「脱原発」をめぐる対抗言説のニュース・バリューを高めた。その結果、対抗言説の政治的論理がニュース・テクストに組み込まれ、原発政策を正統化してきた社会的論理の矛盾を可視化させた。こうしたメディア経験は不安を喚起し、「政治的なもの」の活性化に寄与したのである。ヘゲモニーの政治理論に基づけば、この「政治的なもの」の活性化は対抗言説の担い手としての「女性／主婦」を「脱原発」を超えたより広範な異議申し立ての主体へと発展させる基盤となる。つまり、当時のマス・メディアの言説実践は、こうした「政治的なもの」を一層発展させる可能性に対しても開かれていたのである。

3-5　ニュースメディアによる「政治的なもの」の抑制・制御

しかしながら、当時のマス・メディアはそうした役割を担わなかった。むしろ、ここでも「政治的なもの」を抑制、制御する機能を果たしたのである。まず、脱原発運動の対抗言説は、『読売』や『朝日』の主張を根幹から転換させるほどの影響力は持たなかった。『読売』は原発推進の路線を維持し、『朝日』もまた、「脱原発」へと明確に立場を変えたわけではない。さらに留意すべき点として、『朝日』は脱原発運動の「新しさ」を積極的に評価するが、それは表層的、形式的な側面における「新しさ」であり、一連の運動が担った主張の内容を詳細に検討し、「近代社会」「産業社会」のあり方を再考する政治的論理の観点からの「新しさ」を評価しているわけではない(11)。これらの言説的特徴は、脱原発運動が担った対抗言説の敵対性がマス・メディアのニュース・バリューやフレーム、さらにはその背後にある社会的論理を根本から転換させるには至らなかったことを示している。

実際に、脱原発の世論と運動は一九八八年をピークに退潮へ向かった。政治的意味作用の観点からは、チェルノブイリ原発事故を「危機」とみなす対抗言説が広範な支持を獲得するに至らず、「日常」が再秩序化したとみなされる。以下に見るように、当時の新聞の言説実践は他の争点との関連づけや再解釈を通じて「脱原発」が活性化させた「政治的なもの」を制御した。つまり、ここにおいてもニュースメディア固有の幻想的論理の意味作用を認めることができるのである。

このような幻想的論理の第一は、「地球温暖化問題の解決手段としての原発」という言説実践である。原発や放射能汚染の問題は、チェルノブイリ原発事故後、地球環境問題の一つとして語られるようになった。例えば一九八七年二月二八日の『読売』社説「〝地球SOS〟にこたえるために」では、「現在地球上では、森林を荒廃させる酸性雨、フロンガスによるオゾン層の破壊、熱帯雨林の減少、砂漠化、核を含む有害物質の廃棄など、国境を越えた環境汚染、破壊が進んでいる」と論じている。

そしてこの文脈において、地球環境における放射能汚染のリスクよりも、地球温暖化という別の環境問題の解決手段として原発の必要性を主張する言説実践が主流ニュースメディアによって展開されるようになった。こうした言説実践は、「脱原発」の世論や運動が担ってきた「環境保護」という政治シンボルが原発推進派の論理に組み込まれたことを示している。『朝日』は一九八九年の原子力産業会議を伝える記事の中で、「ソ連のチェルノブイリ原発事故で、世界的に原発反対運動が盛り上がっているが、一方でフロン問題をきっかけとした、二酸化炭素による地球温暖化、酸性雨対策として原子力発電推進を打ち出そうという動きが、今週開かれた日本原子力産業会議の年次大会ではっきりしてきた」と指摘している（『朝日』一九八九年四月一五日夕刊）。

注目すべきは、脱原発運動が盛り上がった一九八八年の春の時点からすでに、『読売』は社説や解説記事で同様の主張を積極的に展開してきた点である。

原子力を使わなければ原油価格は高騰し、私たちの生活を直撃するだろう。まきや石油、石炭などの資源エネルギーには限度があり、その燃焼によって生ずる酸性雨や炭酸ガスによる環境問題もある。原発は電力会社の問題である以上に、大きな存在である（『読売』一九八八年六月一一日社説）。

炭酸ガスによる気温上昇を考えれば、化石エネルギーの利用には限界がある。原子力はやはり欠かせないエネルギーだ（『読売』一九八八年一〇月一四日社説）。

今や深刻化している石油、石炭などの化石エネルギーがもたらす地球規模の環境悪化を考えると、原発を完全に否定することができないのも事実だ（『読売』一九八八年一二月九日社説）。

こうした幻想的論理に基づく言説実践は、「脱原発」の対抗言説が活性化させた「政治的なもの」を抑制する役割を果たした。すなわち、チェルノブイリ原発事故が引き起こした「危機」を「オゾン層の破壊」「地球温暖化」「砂漠化」などの問題と等価のものとして並列化させることでこの問題の固有性を失わせた。また、原発を地球温暖化の「解決手段」として提示し、原発問題の内在的な問題を不問とした。その結果、「産業社会」のあり方やそれを支える社会的論理への敵対性は後景に退き、むしろ「産業社会」の枠内での「手段」としての原発のあり方というテーマが前景化したのである。

第二に、「女性による自民党政治への異議申し立て」という言説実践である。主流ニュースメディアは、既存の政治の外部から声をあげた主婦たちによる対抗言説を、リスク社会論が指摘しているような「新しい政治」の契機として解釈するよりも、むしろ自民党政治への批判、あるいは「政党政治」「選挙」といった既存の議会政治の枠組みにおける「女性の政治参加」の言説へと再解釈した。こうした言説実践も幻想的論理に基づき、敵対性を既存のヘゲモニックな社会秩序の論理へと吸収し、「政治的なもの」の活性化を抑制する役割を果たしたのである。

当初、脱原発運動の主体は、政党に代表される制度化された議会政治のシステムが脱原発の「声」を反映させていないと批判していた。例えば一九八七年の『朝日』では、福井県敦賀市長選において社会党が原発推進派の候補を推薦したことについて、反原発団体代表の発言が報じられている。

ソ連のチェルノブイリ事故が起きた時も、政党の反応は鈍かった。核、原発により、地球が滅びるのが先か、人類が滅びるのが先か、という時代なのに。目先の経済的利益に目を奪われて原発を容認するなどもってのほか。私たちは、たとえ政党が揺れようとも、息の長い、草の根的な市民運動を続けていくしかない（『朝日』一九八七年三月二九日）。

しかしながら、脱原発の世論や運動が活性化する中で、社会党や公明党が脱原発路線を取るかどうかに関心が高まり、既存の政党政治の文脈の中で脱原発が語られるようになる。一九八九年七月に実施された参議院選挙の報道では、『読売』は「脱原発」の観点から参院選を語る記事を掲載していないが、『朝日』では、公示前から市民グループが脱原発派の候補者を擁立する動きを報じ（『朝日』一九八九年五月五日）、「争点　参院選」という連載の中で原発問題を取り上げた（『朝日』一九八九年六月二四日）。

『朝日』の参議院選挙報道では、「女性による異議申し立て」が大きく扱われた。この選挙では、土井たか子が日本社会党の委員長に就任し、「女性であること」が自民党政治や日本の政治風土そのものに対する異議申し立ての象徴として語られたのである。そして脱原発運動は、そうした異議申し立ての「きっかけ」として位置づけられている。

一気に噴き出した感のある女性の政治への参加も、下地は既にできていたとみる人は多い。共同購入などを通じて食の安全を求める動き。チェルノブイリ事故以来の脱原発運動。ここ数年、ひたひたと波がよせるようにごく普通の主婦を中心にした運動が起きている（『朝日』一九八九年七月一八日）。

だが、選挙期間中の報道では、「脱原発」そのものはほとんど語られなくなる。同じ原発問題に関する異議申し立ての担い手としては、「女性」を党首とする日本社会党にニュース・バリューが集中し、脱原発のミニ政党の動きは報じられなかった。さらに、日本社会党が担った異議申し立てでは「リクルート事件」や「消費税」が中心的なテーマとなり、「脱原発」は争点として埋没したのである。その結果、選挙結果を伝える記事では、「女性の政治進出」や「社会党の躍進」が語られる中で、「環境保護では、票に結びつきにくいのか」と分析されることとなった（『朝日』一九八九年七月二五日）。

一連の言説実践は、次の点で脱原発の対抗言説が活性化させた「政治的なもの」を抑制・制御したと言える。すなわち、「脱原発」が「女性の異議申し立て」として意味づけられ、さらに「女性の異議申し立て」が「女性を党首とする日本社会党の自民党政治に対する異議申し立て」へと変換された点である。第二章で論じた通り、政治的論理はヘゲモニー闘争の発展とともに、その担い手を拡張させる機能を有する（等価性の連鎖）。この場合、それは「女性」という政治シンボルを媒介項として他の争点と脱原発運動とを結びつける役割を果たしてきた。その一方で当時の『朝日』が展開した言説実践は、「社会党党首」を中心的なシンボルとし、当時の自民党政治の政治的腐敗（リクルート事件）や消費税に対する不満の代弁者として「女性」を位置づけ、むしろその中に「脱原発」の要求も組み込んだ。このような議会政治の論理は、「脱原発」を「女性の声の政治への反映」という対抗言説の構成要素に再編成しつつも、それが本来有していた既存の社会秩序に対する根源的な敵対性をむしろ潜在化させる役割を果たした。換言すると、「脱原発」の言説が有していた既存の論理では回収できない、すなわち「理解が難しい」側面（敵対性）は、新聞報道の中ではそぎ落とされ、「理解可能な」（既存の社会的論理に回収可能な）言説へと変換されたのである。

こうした主流ニュースメディアの言説実践は、従来の報道の慣行に即したものだと言える。しかし、こうした報道慣行は、しばしば幻想的論理の機能を担う。そしてこの幻想的論理を通じて脱原発運動の有していた敵対性が既存の「政治」の文法へと読み換えられることによって、結果的に既存の社会秩序の論理に組み込まれ、「政治的なもの」は潜在化したのである。

4　社会秩序、政治的なもの、そしてニュースメディアの言説実践

現代社会の多数の人々は通常の場合、重大な事件や出来事をニュースを通じて経験する。そうした

経験は、メディア・テクストを消費する人々の間で共有され、集合的な記憶となる。いわば、こうしたメディア経験や集合的な記憶のされ方自体が「ニュースをめぐるメディア実践の政治」の一部なのである。

チェルノブイリ原発事故から三五年以上が経過し、福島原発事故の経験から一〇年以上が経過した日本社会（あるいは世界）はこれらの経験が折り重なり、複雑な記憶を形成し、それが政策過程や日常生活にさまざまな影響を与えている。

しかし他方で、原発事故、そして大震災を経験した日本社会の何が「変わったのか」という問いかけが行われている。それは危機を経た社会の再秩序化の過程をめぐる問いであり、危機を契機として社会を変革しようとする論理と、既存の社会の支配的な論理との対立や抗争をめぐる問いでもある。そしてそうした対立や抗争の過程において、ニュースメディアは主要な言説実践の担い手となる。

本章での分析を通じて、「危機」と「日常」をめぐるニュースメディアの機能が明らかになった。

第一に、ニュースメディアは危機を通じて既存の社会の支配的な論理（社会的論理）を可視化する機能を有する。ただし、必ずしもそれはリスク社会論が指摘するような「新しい政治」、すなわち「政治的なもの」の活性化へと直線的に帰結するとは限らない。むしろ、幻想的論理を通じた「日常」の回帰へも開かれている。

したがって、「危機」においてニュースメディアが担いうる第二の機能は、社会秩序の安定性＝「日常」を回復させようとする現状維持機能である。チェルノブイリ原発事故に関する報道と政治過程をめぐる本章の分析から明らかになったことは、「政治的なもの」が制約・制御され、既存の社会の再秩序化が進展するメカニズムである。とくにニュースメディアは危機や敵対性を理解可能なものへと変換する固有の幻想的論理を有している。それが結果的にメディア経験に「日常」をもたらす現状維持の役割を果たしていると考えることができる。

しかし、ニュースメディアのテクストは、支配的な論理では説明しえない、そこから零れ落ちる矛盾も表象してしまう。あるいは、矛盾として解釈される余地を残してしまう。つまり、ニュースメディアが担う第三の機能は、敵対性をその言説に組み込むことである。それはさまざまな対抗的な意味づけ、あるいは社会的論理の長期的な変化の可能性である。「危機」を経験した後、再秩序化される「日常」は以前の「日常」の完全なる回帰ではない。チェルノブイリ原発事故と福島原発事故を経験した後で原発の安全神話がメディア・テクスト上でかつての役割を担うことは不可能であろう。また、これから日本社会、あるいはグローバルなレベルで原発をめぐる事故やその他の「危機」が生じるたびに、「フクシマ」や「チェルノブイリ」の記憶が想起され、相互に連関し、新たな政治的論理の生成・発展へと結びつく可能性も存在する。

本章で明らかになったメディア経験の「政治性」は、リスク社会論が想定するものよりも複雑な政治的意味作用である。確かに、チェルノブイリ原発事故や福島原発事故は「リスク」である。しかし、「リスク」や「リスク社会」の存在は必然的に「政治的なもの」の活性化に帰結するわけではない。本章ではニュースの政治的意味作用の展開の過程で「原発のリスク」が他の争点や論理と連関していく点を明らかにした。このことは、対抗言説の編成過程において敵対性を拡張し、「政治的なもの」を活性化させる手がかりを示している。それはまた、ジャン＝リュック・ナンシーが福島原発事故に関する考察において「破局の等価性」として示した議論とも通底している。こうした議論は「リスク」の存在そのものではなく、ある「リスク」と他の「リスク」との関係、あるいはそうしたリスクを組み込んだ社会全体の諸関係を分析し、その中でいかなる「政治」が展開しうるのかを考察する視座を提供する（ナンシー 二〇一二＝二〇一二：五四）。福島原発事故やチェルノブイリ原発事故が他のリスクとどのように結びつけられて意味づけ、理解されるのか、あるいは記憶され、想起されるのか。新型コロナウイルス（COVID-19）によるパンデミックという新たな「危機」とその「日常化」を経験する二〇二〇年代の日本社会にとって、この問いは示唆に富む。ここに福島原発事故から一〇年以上が経過した現時点においてもなお、この問題を分析し続ける意義があると言えよう。

［注］

（1） 東京オリンピックは新型コロナウイルス（COVID-19）のパンデミックにより一年延期された。このパンデミックをきっかけに、オリンピックに対する異議申し立てが活性化し、そこで汚染水問題が想起される局面もあったが、この異議申し立ても一時的なものにとどまった。

（2） 二〇二二年に外務省はウクライナの地名をロシア語読みからウクライナ語読みに変更することを決定した。一部のメディアも「チェルノブイリ原発」を「チョルノービリ原発」へと変更しつつあるが、本書では事故発生当時はウクライナがソ連構成国であった点、そして現時点においてこの出来事はロシア語表記の固有名詞として語られ、幅広く共有されてきた点から「チェルノブイリ原発事故」と表記する。

（3） チェルノブイリ原発は、モスクワから約七〇〇キロメートル南西に位置する。

（4） 同様の傾向はＮＨＫニュースでも確認できる。同局は、二九日から繰り返し事故を報じるが、事故炉の映像が写真という形で報じられたのは五月一日である（山腰 二〇一六）。

（5）第一章でも論じたように、フレームとは特定の意味づけや解釈のパターンに基づいたニュース・ストーリーの組織化原理である。こうした組織化原理に従って、出来事や争点をめぐる問題の原因の特定化や解決策が導き出されることになる。

（6）リビアは当時続発した国際テロの「主唱もしくは支援に明白にかかわっている国家」と名指しされた（『朝日』一九八六年五月六日）。

（7）記事は「反体制歴史家ロイ・メドベージェフ」の発言を紹介する形で構成されている。

（8）次の指摘も参照のこと。「チェルノブイリ原発事故は女性たち、特に母親たちに大きな影響を与えた。身近な牛乳、お茶などの食品の放射能汚染、さらに放射能の人体への影響、中でも胎児、乳幼児、子どもたちに対する影響は深刻に考えられた。事故後、反原発運動全国連絡会（全国約一〇〇カ所の反原発運動組織で構成）事務局には、『多くの、若い母親たちの小さな集まりなどからの』講演依頼が寄せられ、さらに政府の安全宣言に対する不安や『何を子どもに食べさせたらよいか』という問合せが寄せられた。女性たちがチェルノブイリ原発事故をきっかけに反原発運動に関心を向けるようになり、全国各地で運動をはじめた」（笹本 一九九九：二八五）。

（9）なお、一九八七年一〇月に実施された一回目の試験で問題を示すデータがあったことを『読売』が報じている（『読売』一九八八年一月三一日）。

（10）分析期間中の投書は次の通りである。「原発輸出には慎重さほしい」（一九八七年一二月九日）、「『安全神話』はもう通じない」（一二月二〇日）、「『原発問題』に私の胸は痛む」（一二月二一日）、「原子力導入は不可避の選択」（一二月二八日）、「『原子力導入は不可避』に異議あり」（一九八八年一月一〇日）、「原発の詳細を報道すべきだ」（二月一一日）、「原発問題、納得いくまで論議続けよう」（二月一八日）、「『原発出力調整実験』に消えない疑問」（二月一八日）、「夏には1時間冷房切っては」（四月二四日）、「放射能汚染した食品の監視強化して」（五月一日）、「原発反対、微力な一歩も大勢集まれば」（五月一日）、「絶対ではない原発の安全性」（五月一日）、「誤認に基づく否定論は困る」（六月三日）、「原発推進側の熱意に危険性」（六月三日）、「通報遅かった、玄海原発の地元」（六月一七日）、「賛否以外の面からも原発問題考えよう」（六月一八日）、「大気を汚さぬ原子力発電の長所も考えて」（六月二九日）、「反原発のレコード発売中止　物もいえない貧しい社会か」（七月三日）、「道民の不安に北電は対応を　泊原発に核燃料搬入」

（七月二〇日）、「世界に訴えよ、〝非核五原則〟」（九月二日）。

（11）　例えば『朝日』の一九八八年二月一八日の記事では運動にパロディーや歌など「遊び感覚」が漂う点を指摘している。また、五月四日の記事では、運動方針について「この姿勢が、思いついたグループが思いついたことを行動するといった、従来とは異なる運動形態を生み、書物や講演会で啓発された主婦、自然食品グループなどの広い参加層を得ることができた」と解説している。

第四章　沖縄問題をめぐるメディア言説と「境界線の政治」

1　戦後日本の「平和」と「沖縄」

1-1　「平和」の両義性

本章では沖縄問題を対象に、メディア実践の政治的意味作用を分析する。前章に引き続きニュースメディアの言説実践を中心的な分析対象としつつ、ここでは沖縄問題をめぐって活性化する「政治的なもの」を「境界線の政治」という概念から明らかにする。

戦後日本の社会秩序を規定していたヘゲモニーは「経済大国」や「平和国家」といった一連の言説によって編成されてきた点は広く知られる（大石 二〇一二、山腰 二〇一二a）。ラディカル・デモクラシーの言説理論の観点からは、「経済大国」や「平和国家」を構成する諸要素、そしてそれらを組織化する規則や文法が戦後日本のヘゲモニックな社会秩序を成り立たせる社会的論理だということになる。本章ではそれらを「『経済大国』の論理」および「『平和国家』の論理」と呼ぶ。

第二章で論じたように、社会的論理は多くの場合、「自然なもの」「常識」として広範に受容されている。しかし、その論理は必ずしも首尾一貫したものではなく、両義性や矛盾を伴っている。「平和国家」の論理、そして「平和」をめぐる言説実践を批判的アプローチに基づく本書の視座から分析する際に重要なのは、まさにこの両義性や矛盾である。石田雄はかつて、戦後日本における「平和」の意味づけの変遷を分析する中で、「絶対非戦」に基づく「平和」と「平和のための戦争」を正当化する「平和」という二つの矛盾する意味内容を指摘した（石田 一九八九：五‐六）。換言すると、戦後の日本社会には、「平和とは武力行使を行わない状態を指す」という解釈と、「平和とは武力の保持ないし行使を通じて達成・維持される状態を指す」という解釈とが併存してきたのである。

以上のような戦後日本社会における「平和」の両義性は、日本国憲法九条に関する世論調査からも明らかになる。二〇〇七年にNHK放送文化研究所が行った「憲法に関する世論調査」では次のような結果が示された。すなわち、一方では戦争放棄、戦力の不所持を謳った憲法九条を「評価する」割合が八一％であった。しかしながら他方では、日米安全保障条約（日米安保条約）に基づく米国との同盟関係を「今より強化」ないし「現状維持」とする割合は六四％にのぼる（塩田 二〇〇七：七九‐八〇）。石田はこうした本来対立する解釈が矛盾の無いものとして受け入れられてきた点に、戦後日本社会における「平和」をめぐる言説編成の特徴を見出している（石田 一九八九：一二四）。

この「平和」をめぐる言説編成と密接に関連し、あるいはその矛盾が凝集されているのが「沖縄問題」である。沖縄問題とは一般的に、沖縄に米軍基地が集中していることに起因するさまざまな問題の総称を指す(1)。周知の通り、日米安保条約に基づき国内に米軍の駐留が認められている中で、沖縄に米軍基地関連施設の約七割が集中している。また、戦後、占領期を経て日本社会からは米軍基地が次々と整理縮小されていった一方で、日本社会への復帰から半世紀が経過しているにもかかわらず、沖縄の基地負担は軽減されていない。そればかりでなく、日本社会全体の米軍基地の整理縮小の「しわ寄せ」を受けることとなった(沖縄県編 一九九六：四八)。こうした状況は、沖縄社会に「武力を通じた平和達成」の手段である米軍基地を集中させることで、その他の日本社会は「戦力の不所持」という平和憲法の理念の享受が可能になった、という批判へと通じる(ダグラス・ラミス 二〇一〇：二三三－二三四)。つまり、日本社会の「平和」は沖縄の犠牲によって成り立っているという解釈も成り立つのである(高橋 二〇一二)。

こうした点から沖縄問題をめぐる言説実践において、「平和」をめぐる矛盾は次のような形で表象されうる。すなわち、一方における「沖縄に米軍基地があるからこそ日本の平和が維持される」という主張であり、他方における「沖縄における米軍基地の負担軽減や撤去を通じて平和が達成される」という主張である。しかしそれ以上に重要なのは、こうした言説の編成そのものを抑圧・排除するメカニズムである。

基地社会・沖縄が抱えるさまざまな問題は、しばしば「沖縄問題」と形容される。この言葉は、在日米軍の存在に起因する問題を、あたかも沖縄という一地域の問題であるかのように感じさせる。本来、日米安保条約によって駐留が規定された在日米軍がもたらす負担をどのように考えるのかという問題は、日本社会全体で共有されるべき課題であろう。にもかかわらず、「沖縄問題」と称される沖縄の在日米軍基地の問題を、みずからの生活の「安全」に関わる問題ととらえている人々は少ないのではないだろうか。…（略）…日本国家全体の「安全保障」の名のもとに一部の人々の生活が危険に晒される一方で、多くの人々はそのことに無関心なまま「安全」を享受しているのである（小野二〇一〇a：二〇四）。

このように「平和」をめぐる矛盾を解消する仕組み、すなわち沖縄に基地を集中させ、それを「沖縄問題」と名づけることによって日本社会全体が本来共有しているはずの基地問題を不可視のものとし、それを通じて「平和」意識を維持するという社会的論理のメカニズムが沖縄を除く日本社会（本土社会）の「平和国家」の言説編成に見出されるのである。

1―2　「我々の問題」としての沖縄問題

その一方で、戦後日本社会でヘゲモニックな位置を占めるに至った「平和」言説は、この矛盾を完全に制御することはできなかった。その結果、本土社会の「平和」をめぐる言説実践のあり方を批判し、沖縄問題を「我々の問題」として受けとめなければならない、という主張が繰り返されてきた。例えば、比較的早い時期から沖縄問題に関心を寄せてきた中野好夫は、かつて「沖縄はなぜわたしたちの問題であらねばならないか」と訴えた（傍点引用者。中野 一九六八）。そして、高度経済成長から取り残され、さらには日本社会の「平和」や「繁栄」の代償としての米軍基地を負担する沖縄社会の状況に対する関心が失われている点を批判した。

注目すべきは、この告発が「沖縄問題は誰にとっての問題なのか」を問いかけている点である。それは、「『平和』の恩恵を享受するのは誰か」「『平和』のコストを負担するのは誰か」という問いかけにほかならない。戦後日本のニュースメディアはこれらの問いをどのように受けとめ、報道に反映させてきたのであろうか。

本章ではこうした問題について、「ニュースをめぐるメディア実践の政治」のアプローチが依拠するラディカル・デモクラシーの言説理論、そしてそれと密接に関連する「境界線の政治」の観点から分析する。境界線の政治は、アイデンティティの政治をめぐる議論の中でしばしば言及されてきた。アイデンティティを通じて人々は自らの目標や利害、あるいは社会との関係を説明することができる（バトラー 二〇〇五＝二〇〇八、Couldry 2010 参照）。したがって、「誰にとっての問題か」という沖縄問題の当事者性をめぐる問いは、アイデンティティの政治と結びつくのである。

重要なのは、アイデンティティが自らの利害関心を確認する参照点となるだけでなく、自らとは異なる「他者」の構築によって支えられるという側面である。つまり、沖縄問題を「我々の問題」として捉えることは、問題を共有しない「他者」も生み出す。この「我々」の範囲を確定するメカニズムを分析するのが「境界線の政治」である（杉田 二〇〇五）。

境界線の政治は次の特徴を持つ。第一に、あるアイデンティティを共有する「我々」の範囲の確定とは、「内」（＝「我々」）と「外」（＝「彼ら」）とを区分する過程にほかならない。第二に、この境界線は流動的である。つまり、ある問題をめぐって成立していた共通の「我々」が、別の問題では「我々」と「彼ら」とに分断される場合もある。また、同じ争点であっても、時代や状況によって「我々」の範囲は変化する。そして第三に、「我々」と「彼ら」がいかなる関係性にあるかが問題となる。つまり、「我々」にとって「彼ら」が「異質な他者」なのか、「当事者」「部外者」「受益者」「受苦者」「加害者」「被害者」「味方」「敵対者」なのかが境界線の政治の展開に重要な影響を与えることになる。

ラディカル・デモクラシーはこの境界線の政治を「政治的なもの」と密接に関わる概念と捉えてきた（Norval 2000: 220）。本書で論じてきた政治的意味作用の観点から、境界線の政治は次のように説明できる。第一に、「政治的なもの」が活性化すると、特定の政治的論理が新たな境界線を構築する原理となる。第二に、こうした境界線の編成原理がヘゲモニーを確立すると、それは社会的論理となる。この社会的論理は境界線を維持する機能を果たす。第三に、既存の境界線に異議申し立てをする言説実践は「政治的なもの」を再活性化させ、新たな政治的論理によって境界線を引き直そうとする。第四に、幻想的論理は「政治的なもの」の再活性化を抑制し、既存の境界線の維持を図る。このように、境界線の構築・拡張・維持・解体は「政治的なもの」をめぐる意味作用として理解されるのである。

そして、ラディカル・デモクラシーの言説理論を通じて境界線の政治を分析するうえで鍵となる概念が「等価性の連鎖」である。「等価性の連鎖」は、ヘゲモニー政治を担う「我々」の範囲が拡張するメカニズムを指す。ラディカル・デモクラシーのヘゲモニー理論において、「我々」の拡張は多様な「要求」を掲げる複数のアイデンティティが相互に意味連関することで構築されると説明される。

重要な点は、それが敵対性によって構築され、拡張するという側面である。つまり、等価性の連鎖は、複数のアイデンティティにとっての共通の「敵」や「脅威」の存在を通じて成立する。したがって、等価性の連鎖に基づく政治的境界線は、ヘゲモニー政治の最終的な局面においては対立する二つの陣営の間に構築される（Howarth and Stavrakakis 2000: 11）。他方、ヘゲモニー闘争の過程では、等価性の連鎖を分断・解体する政治的意味作用も展開する（ラクラウ 二〇〇五＝二〇一八：一七九−一八〇）。

以上のように、「我々」をめぐる境界線の構築、維持、変容や制御の政治的意味作用は沖縄問題を分析するための枠組みとなる。そしてここで改めて確認すべきは、この境界線の政治の過程でニュースが果たす中心的役割である。先述の通り、沖縄問題は本土社会の中で不可視化される構造がある。一方でニュースメディアは報道を通じて社会問題を明るみに出し、社会に広く伝える役割を果たす。したがって、沖縄問題をめぐる報道の中で、この問題に関わる「我々」がどのように表象されるかは、境界線の政治の展開に影響を与える。そしてニュースメディアが果たす役割は、境界線の政治の結果として構築される「我々」をそのままの形でニュースに反映させるというものではない。沖縄問題を報道する中でジャーナリズムの専門文化や技法を通じて、そして政治的意味作用の文法や規則を組込みながら、境界線を独自に構築、維持、変容、制御する積極的役割を果たしている。そして本土社会の多数にとって沖縄問題はニュースを通じて経験されることから、ニュースにおける「我々」の表象は社会における境界線の政治を可能にする条件となるのである。

それに加えて「ニュースをめぐるメディア実践の政治」の観点からは、沖縄問題に関するニュースの受け手がこの「我々」の表象をどのように解釈するのかも問われることになる。このニュースをめぐる受け手のメディア実践もまた境界線を維持し、あるいは引き直す意味作用を伴うからである。したがって、ニュースメディア、そしてニュースの受け手のメディア実践が境界線のあり方そのものに影響を与えるのであり、境界線の政治と「ニュースをめぐるメディア実践の政治」との相互関係を分析する意義が了解されるのである。

2 沖縄問題の初期の展開と境界線の政治

戦後の本土社会において、沖縄問題が広く認識されるようになった契機は一九五五年一月一三日の『朝日新聞』（以下『朝日』）の報道「米軍の『沖縄民政』を衝く」であるとされている（小野 二〇一〇a：二〇九）。「敗戦から一〇年、日本本土はまがりなりにも独立したが、沖縄諸島はいまもって米軍の軍事基地としてその管理下にある。このため沖縄島民は、いまなお占領下にあるかずかずの苦難を味わっているといわれる」という記述からはじまるこの記事は、社会面に大きく掲載され、沖縄の状況を詳細に伝えた。とくに「農地を強制借上げ、煙草も買えぬ地代」と小見出しを掲げ、米軍による軍用地接収に伴う土地問題に注目していたことが分かる。翌一四日には「沖縄民政について訴える」という社説を掲載し、その中で「日本国民は、この問題に無関心でいるわけにはゆかない」と主張している。

沖縄島民は、われわれの同胞である。敗戦の結果、アメリカの支配のもとにおかれているが、われわれの同胞である。その同胞が、土地の強制借上げ、労賃の人種的差別、基本的人権の侵害などで、文字通り最低の生活さえ営みえない状態に立会っているということは、日本人の強い関心をよばずにはおかない（『朝日』一九五五年一月一四日）。

一連の『朝日』の報道と社説からは、一九五五年当時に「我々の問題」として沖縄問題を意味づける視点が明確に示されていたことが確認できる。このように、本土社会のニュースメディアは初期の沖縄問題をめぐる境界線の政治の重要な起点となったのである。

その後、沖縄問題に関する本土社会の関心は、一九五六年の「島ぐるみ闘争」を通じて高揚した（中野・新崎 一九七六、小野 二〇一〇b）。「島ぐるみ闘争」とは、一九五六年のプライス勧告に端を発する沖縄の米軍による軍用地政策をめぐる反対運動のことである。戦後、日本から分離し米国の施政下に置かれていた沖縄では、基地建設のための土地の接収がなされたが、それは「銃剣とブルドーザー」と表現される強制的なものであった（沖縄タイムス社編 一九九六：三〇五）。当時の沖縄の議会（琉球立法院）は、地代の一括払い反対、適正補償、損害賠償、新規接収反対という四原則を掲げたが、米国政府は「プライス勧告」を通じて軍用地政策を正当化し、これらの要求を拒否した。こうした一連の動きに対し、沖縄では議会や世論を巻き込む戦後初の広範な反対運動が盛り上がった。この「島ぐるみ闘争」に対する本土社会の関心は高く、一九五六年七月四日には与野党が主催者に名を連ねる形で「沖縄問題解決国民総決起大会」が開催されるに至った。こうして「島ぐるみ闘争」が提起した沖縄問題は本土社会の中でも「我々の問題」として積極的に意味づけられることになった。

この時期に沖縄問題をめぐり、このような意味づけが可能となった要因の一つとして、本土社会の基地問題の存在が挙げられる。当時の日本各地では、基地問題の深刻化とそれに伴う反対運動が生じていた。例えば、米軍の砲弾試射場設置をめぐる内灘闘争（石川県）や立川基地の滑走路延長計画をめぐる砂川闘争（東京都）である。とくに砂川闘争は一九五六年一〇月一三日に重軽傷者八〇〇人以上を出すなど大規模な紛争へと発展し、「全国の反基地闘争の天王山」とみなされていた（毎日新聞社編 一九九六：一三二）[2]。そして同年の沖縄の「島ぐるみ闘争」は、砂川闘争と並ぶものとして位置づけられ、「沖縄と砂川の闘争が、日本国内の全ての軍事基地反対闘争のかなめとなり、烽火となっている」と評された（高橋 一九五六：一八八）。このように一九五六年当時、沖縄問題は本土社会と沖縄社会との基地問題と連関した。反基地運動を通じて「政治的なもの」が活性化する中で、本土社会と沖縄社会との間には「反基地」を結節点とする等価性の連鎖を通じた広範な「我々」が構築されていたのである。

この広範な「我々」は、日米安保体制に基づく「平和」という言説実践の矛盾を告発し、「反基地」に基づくオルタナティブな「平和」を構想する対抗言説の担い手となることで、「政治的なもの」をさらに発展させる可能性を有していた。しかし、この「我々」を構築する等価性の連鎖は一時的なものにとどまり、この沖縄社会と本土社会を包摂する「我々」の境界線は解体した。

だが、反基地運動における本土と沖縄の〝共振〟は、このあたりが最大であったと言わざるを得ない。……（略）……五〇年代半ばから後半にかけての最大の反基地運動であり、本土における反基地運動の象徴とも言える砂川闘争が一定の〝勝利〟を収めたことにより、反基地運動の連携は弱まり、個別化していった（明田川 二〇〇八：一七四）。

このような絆が瞬間的に結ばれはしたが、砂川においては測量中止の「勝利」による闘争の収束により、沖縄においては闘争が力によって弾圧されていく過程で、相互に関連を失っていった。それぞれが同じ時間に直面した共通の攻撃と、しかしながら互いに抱える相違は十分理解されないまま、束の間の出会いとして忘却されていった（道場 二〇〇六：七二）。

これらの記述は本土社会と沖縄社会との間に「反基地」とは異なる新たな境界線が引かれることによって、それぞれのアイデンティティの意味連関が失われ、個別化していった状況を示している。

この新たな境界線を考えるうえで重要な点は、沖縄問題をめぐる上記の意味作用と一九五〇年代後半から六〇年代にかけて編成される日本社会のヘゲモニーとの関係性である。よく知られるように、戦後日本社会では、反基地運動の全国的展開が典型的に示すように、一九五〇年代にイデオロギー的な対立が先鋭化した。それが一九六〇年の安保闘争と三井三池争議という形でピークを迎え、その後日米安保体制と高度経済成長によって安定を迎える。この過程は日本社会における「経済大国」および「平和国家」という二つの社会的論理によるヘゲモニーの確立と解釈される。

本書がこれまで検討してきたアプローチからは、このヘゲモニーの確立に伴う政治的意味作用とメディア言説との関係について次のように論じることができる。第一に、ヘゲモニックな言説を編成する社会的論理は特定の意味構築を可能にし、他の意味構築を不可能にする。例えば「経済大国」の論理は、水俣病問題の意味構築の抑圧・排除によって成立していた（小林編 二〇〇七、山腰 二〇一二a）。本章冒頭で言及した「平和」をめぐる言説実践、すなわち、基地問題を「沖縄」に固有の問題と意味づけることで「平和」の矛盾を解消するという意味作用は日米安保体制が確立・定着し、さらに本土社会の基地問題が「解決」した一九五〇年代後半から六〇年代にかけて成立したと考えられる。この「平和国家」の論理のヘゲモニーの確立こそが、本土社会の「我々」の利害関心から「沖縄」を切り離し、反基地運動をめぐって本土社会と沖縄社会との間に成立した等価性の連鎖を解体した新たな境界線にほかならない。

第二に、ヘゲモニックな言説の編成は「沈殿化」を伴う。一九六〇年代は「経済大国」および「平和国家」という社会秩序のあり方が自然化し、そうした意味づけや解釈が社会的論理として成立する過程であり、同時にそれらと矛盾する諸要素を社会的に「忘却」する過程でもあった。例えば一九六〇年代前半の水俣市では水俣病の原因企業であるチッソの大規模な労働争議が発生し、大々的に報道される一方で、それと本来密接に関連するはずの水俣病報道は停滞していた。したがって、沖縄問題に関する報道も「平和国家」の論理と矛盾するがゆえに、この時期に社会問題としてのニュース・バリューを低下させたと考えることができる。

しかし第三に、ヘゲモニックな言説編成は常に異議申し立てに対して開かれている。つまり、「忘却」は常に不完全なものにとどまる。一九六〇年代の水俣病問題でも、石牟礼道子やユージン・スミスらによる文芸作品や写真を通じた言説実践、あるいは地元紙『熊本日日新聞』の胎児性水俣病患者に関する報道はヘゲモニーとしての「経済大国」の論理の矛盾を告発する役割を担った。また、一九六五年の新潟水俣病の公式確認という出来事は水俣病事件の広範な想起をもたらした。一九六〇年代の沖縄問題もまた、先述の中野好夫ら知識人による批判や沖縄返還をめぐる政治過程によって本土社会のメディアや世論の間でしばしば想起された。とはいえ、一連の出来事は「平和国家」の論理、そしてそれを通じて構築された沖縄問題をめぐるヘゲモニックな境界線そのものを根本的に変容させることはなかった。(3) むしろ、本土社会の主流ニュースメディアは、「平和国家」のヘゲモニー――そしてその社会的論理――を自然化し、再生産する機能を果たしたのである。

3　沖縄ローカルメディアの「反基地」言説

3-1　復帰後の沖縄社会の意識の動向

戦後の本土社会では、沖縄問題を外部化することによって成り立つ「平和国家」のヘゲモニーとそれを可能にする境界線の政治が展開してきた。それに対して一九七二年の本土復帰後の沖縄社会では、次第に独自の形で本土社会との関係性が構築されるようになった。すなわち、「反基地」をシンボルとしつつも本土社会との間に自ら境界線を引く沖縄アイデンティティの形成である。これは、本土社会で沖縄との連帯を通じて一九五〇年代に一時的に活性化した「反基地」の対抗言説とは異なる新たな政治的論理に基づく境界線の政治と言える。

ここではまず、復帰後の沖縄社会における本土社会や基地問題に対する世論の動向を確認する。沖縄社会では本土社会が「平和国家」の論理のもとで構築した境界線に対する不信や不満がしばしば表明されてきた。例えば復帰後一〇年の本土メディアの沖縄問題報道について、後に県知事となる大田昌秀は次のように批判している。

「復帰」一〇年目の沖縄はどうなっているか、ということより、「復帰」一〇年、本土は沖縄のため、沖縄問題解決のために何をなし、何をなさなかったか、問題の発端にさかのぼって具体的に指摘してほしかったのである。同時に未来へ向けて、本土は「沖縄同胞」の苦悶を軽減し、明るい展望をもたらすため、これから何をなすべきか、について「みずからの問題」として考えてほしかった。沖縄側がこう要望するのは、はたして「ないものねだり」なのだろうか（大田 一九八二：五〇）。

そして本土の世論についても、「本土の大多数のひとたちは…（略）…『みずからの問題』として受けとめているとは、思えないのである」と論じている（大田 一九八二：五二）。このように、沖縄社会では、復帰後も軽減されない基地負担に対する不満とともに、そうした沖縄の状況を「我々の問題」として構築しえない本土社会に対する不信感が表出してきたのである。

ただし、一九七二年以降の長期的な傾向として、沖縄社会では日本への復帰それ自体については肯定的に捉えられてきた。ＮＨＫ放送文化研究所が継続的に行っている沖縄の県民世論調査では、復帰を肯定的に評価する割合は一九八二年調査から一貫して否定的評価を上回り、二〇一二年調査では約八割が復帰を「よかった」と考えている（河野・小林 二〇一二）。つまり、沖縄の日常生活の中で、本土社会に対する敵意や反感が常に前景化したわけではない。

他方、沖縄社会ではしばしば「政治的なもの」が再活性化し、反基地感情が噴出する。先述の「島ぐるみ闘争」以降も主だったものとして復帰前には一九七〇年のコザ暴動、復帰後には一九九五年に大規模な反基地運動が生じた。普天間基地移設問題が深刻化する二〇一〇年以後は反基地運動が半ば常態化している。反基地感情が噴出すると世論の動向は大きく変化する。朝日新聞社と沖縄タイムス社が合同で行った一九九二年四月の世論調査（『朝日』一九九二年五月一一日）と、反基地運動が展開している中行われた一九九五年一〇月の調査（『朝日』一九九五年一一月一二日）とを比較すると、「安保条約は日本のためになっている」と回答した沖縄県民の割合は四一％から二三％へと大きく減少している。逆に「日本のためになっていない」という割合は二五％から三八％へと増加している。沖縄が在日米軍の基地や施設の七割以上を負担していることに関して「おかしい」という割合は五四％から七五％へ、「やむをえない」という割合は三八％から二二％へ変化している。沖縄の米軍基地の将来について、一九九五年の調査では「全面撤去」（二〇％）と「段階的縮小」（七二％）と、九〇％以上が基地の縮小を求めている。このような沖縄の世論を捉える際に見逃してはならないのは、反基地感情の噴出に伴って本土社会との格差意識が高まる点である。そして、その格差意識は基地を押しつけてくる本土社会への反感へと転化する。沖縄の米軍基地を国内の他の地域に移す案に関する世論調査結果を見ると、「賛成」は六一％にのぼる（『朝日』一九九五年一一月一一日）。このように、反基地感情の高まりとともに、本土社会への不満や反感が意識される傾向が分かる。

沖縄の「反基地」をめぐる言説実践と密接な関わりを持つのがローカルメディアである。一般的に沖縄社会はローカルメディアの影響力が強い地域とされる。とくに県紙である『沖縄タイムス』と『琉球新報』は両紙で県内の九割以上のシェアを占めてきた。そして両紙は基地問題や反基地運動を積極的に報道している。沖縄のローカルメディアは、基地問題に関しては本土社会の主流ニュースメディアとは異なるニュース・バリューに基づく報道を行っている。このことは次の二つのことを意味している。第一は、沖縄のローカルメディアは基地問題を重視する独自の視点からの報道を通じて、沖縄社会の世論形成に影響を与えているという点である。第二は、こうした沖縄のローカルメディアのニュース・バリューが沖縄社会の価値観を反映しながら形成されるという点である。したがって、ローカルメディアは沖縄社会との相互作用の中で「反基地」言説を編成し、沖縄社会における「政治的なもの」の活性化と境界線の政治の成立に積極的な役割を担っているのである。以下では一九九五年に発生した戦後最大規模の反基地運動をめぐる『沖縄タイムス』と『琉球新報』の報道の分析から反基地感情をめぐって形成されてきた沖縄社会の集合的アイデンティティについて検討する。

3-2　一九九五年反基地運動報道における沖縄アイデンティティの表象

一九九五年九月四日に発生した米兵による少女暴行事件の結果、沖縄社会において激しい反基地感情が噴出した。そして九月二八日の大田昌秀沖縄県知事による「代理署名拒否」[4]、一〇月二一日の県民総決起大会を経て事態は「島ぐるみ」の反基地運動へと発展した。こうした反基地感情の高揚を背景に、大田知事を代表とする沖縄県は日本政府との交渉を開始した。一一月四日および二四日に村山富市首相と大田知事が会談を行い、大田知事は代理署名の拒否を改めて伝えるとともに、日米地位協定の見直しと基地の整理・縮小を要請した。その後、一二月七日に村山首相が職務執行命令で大田知事を提訴し[5]（代理署名訴訟）、それに対し沖縄県は一九九六年一月に基地返還アクションプログラムを提起し、五月に県民投票条例を制定するなど、両者の対立構図が鮮明化した。この対立は一九九六年八月の最高裁判決[6]、九月八日の県民投票[7]、そして九月一〇日の橋本龍太郎首相との会談を経た一三日の大田知事による署名代行の表明まで続いた。

これら一連の過程について『沖縄タイムス』と『琉球新報』は積極的に報道した。ここで注目すべきは報道の中で表象される沖縄アイデンティティである。それは次のような特徴を持つ。

（1）「被害者」としての「我々」

この期間の両紙に表象される沖縄アイデンティティの特徴として、第一に「被害者としての『沖縄』」を指摘することができる。それは典型的に次のように表現される。

広大な軍事基地を押し付けられ、基地犯罪、被害を強いられている沖縄（『琉球新報』一九九五年九月一〇日）

基地の重圧にあがくわれわれ県民（『沖縄タイムス』一九九五年九月二九日）

国益、国策という大義の陰で一人、らち外に置かれ、苦渋をなめ続けさせられてきたのが沖縄である（『琉球新報』一九九五年一〇月八日）。

沖縄は〔平和〕憲法の庇護から疎外されてきた（『琉球新報』一九九五年一一月二二日）。

これらの記述からも明らかなように、沖縄社会が日本の他の地域とは異なる形で基地負担を強いられてきた点が強調されている。一連の記述は受動態によって表現されており、沖縄社会に負担を強いている存在が示唆される。すなわち「米軍」「日本政府」、そして以下の記述にみられるように、「本土社会」が沖縄社会に基地の負担を強いる主体として暗黙のうちに想定されているのである。

(2)「告発者」としての「我々」

ローカルメディアにおけるアイデンティティの表象のもう一つの特徴は「告発者としての『沖縄』」である。それは例えば「沖縄県民が心を一つにして怒りをぶつける」（『琉球新報』一九九五年一〇月二二日）という表現に見られるように、基地問題に対して沖縄社会が「怒り」の声をあげる点が強調される。注目すべきは、こうした怒りを伴った告発が米軍（米国政府）のみならず、日本政府および本土社会にも向けられている点である。

少女暴行事件以降の政府の対応には県民要求にこたえ、問題を解決していこうという姿勢が見られない

（『沖縄タイムス』一九九五年一〇月二〇日）。

力を肥大させた外務省などの官僚群が…（略）…沖縄の声を…（略）…黙殺するか、または無視する形で日米安保体制の堅持をもくろんでいる（『沖縄タイムス』一九九五年一一月四日）。

このように日本政府は沖縄に基地を押しつけ、「基地との共生・共存を強要」し続けてきた主体として表現されている。また、次の記事に見られるように、本土社会そのものに対する「告発」も行っている。これは、日本政府や本土社会に対する「怒り」を表現することで、沖縄社会の「民意」を代弁し、表象するものだと言える。

日米安保体制で「平和」を維持していると日本国民が位置づけているなら、その平和（を維持するための負担）を全国平等に共有するのが当然である…（略）…（『沖縄タイムス』一九九五年一〇月二一日）。

沖縄県民の心を理解し、その痛みを共有しようという国民もそう多くはなかったろう（『琉球新報』一九九五年一〇月二一日）。

半世紀にわたる基地沖縄の異常な事態…（略）…全国的視野から深く問題視されることなく時間が経過した。〝奇異〟な状態である（『琉球新報』一九九五年一一月二七日）。

この時期の地元紙の「反基地」言説では、異議申し立ての対象に本土社会も含まれていた。そしてそれはしばしば沖縄社会と対立する存在として表象された。つまり、「反基地」をめぐる沖縄社会の「我々」は本土社会との間に境界線を引くことによって成立するのである。とはいえ、後に見る二〇一〇年代以降の表現に比べると、本土社会全体に対する敵対性の要素はまだ示唆される段階にとどまっている。

(3)「島ぐるみ」としての「我々」

これらの記述の中で「半世紀にわたる」「たまりにたまった」「積もり積もった」という歴史性を強調した語彙が用いられている点が第三の特徴として挙げられる。沖縄の地方紙の中では沖縄社会が置かれてきた従属的状況の歴史性を強調する際に、過去の出来事が引用・参照される。例えば『沖縄タイムス』一九九五年一〇月二三日社説では、一八七九年の廃藩置県、一九七二年の沖縄返還に言及しつつ、沖縄近現代史を「期待を裏切られてきた歴史」と表現している。一連の社説において繰り返し言及される事例は、「島ぐるみ」闘争である。それは「久しぶりの島ぐるみ大衆行動」(『沖縄タイムス』一九九五年一〇月一四日)、「〝島ぐるみ〟の総決起」(『琉球新報』一九九五年一一月四日)などと表現されている。先述の通り「島ぐるみ」とは、米軍による強制的な土地接収に対して一九五六年に生じた大衆運動に起源を持つ言葉である。このように、沖縄の地方紙は、過去の大衆運動と関連づけながら一九九五年の反基地感情を意味づけていることが分かる。それはかつての「島ぐるみ闘争」のときのように、沖縄社会の民衆を同一の「告発者」「被害者」とすることでそれぞれの利害関心や矛盾を乗り越えて一枚岩となることを呼びかける等価性の連鎖の表象でもある。

この「島ぐるみ」としての「我々」は、ローカルメディアの中で「基地の整理・縮小」の総意として表象されることになる。

大田知事の〔代理署名拒否の〕決断・姿勢は当然であるし、政府がこれまで約束していた基地の整理縮小問題に対して目に見える形で示さなかったことに対する政府不信への沖縄総意のサインでもある（『沖縄タイムス』一九九五年一〇月二日）。

県民の総意は一〇・二一県民総決起大会で示された通り、基地の大幅な整理縮小以外の何物でもない（『琉球新報』一九九五年一一月二二日）。

以上の三つの側面からの分析を踏まえ、一九九五年の反基地運動をめぐるローカルメディアの言説実践が境界線の政治という観点から次の特徴を持つことが分かる。すなわちそれは、「反基地」の政治的論理に基づいて沖縄アイデンティティを表象する、というものである。この言説実践は、「反基地」をシンボルとした一枚岩の存在として沖縄社会の「我々」を意味構築する。しかしながら、境界線の政治という視座から重要な点は、この集合的アイデンティティが等価性の連鎖によって成立している点である。等価性の連鎖は共通の「脅威」や「敵」との対決を通じて連帯する本来的に多様で個別のアイデンティティ同士の意味連関である。とくに一九九五年の「反基地」をめぐるローカルメディアの言説実践において、沖縄問題をめぐる「我々」は、基地を押しつける勢力、あるいは基地問題に無関心な本土社会との対立関係によって成り立っていた。つまり、それは基地という存在に対してだけでなく、それを許容し、あるいは「押しつけた」本土社会との間に境界線を引くことによって成立した「一枚岩の我々」なのである。

4 「普天間基地移設問題」報道で展開される境界線の政治

4―1 普天間基地移設をめぐる政治過程

本土社会におけるヘゲモニーとしての「平和国家」の論理は、沖縄問題を「忘却」することで、すなわち「沖縄」を「我々」から切り離すことで成立していた。それに対して沖縄社会では、「反基地」の政治的論理を通じて本土社会との対立関係に根差した「我々」が構築されてきた。つまり、本土社会と沖縄社会でそれぞれ異なる論理に基づく境界線の政治が展開されてきたのである。とくに後者では沖縄ローカルメディアがこうした対抗的な境界線の構築に関わる言説実践を積極的に展開し、「政治的なもの」の活性化や発展に独自の役割を果たしてきた点が確認された。

それでは一九九五年以降の沖縄問題をめぐる境界線の政治はどのように変化してきたのであろうか。結論を先取りするならば、一九九五年以降の本土社会と沖縄社会との境界線は強化され、「我々」と「彼ら」の対立関係は、より深刻な分断へと発展してきたのである。

一九九五年九月に端を発する沖縄社会における反基地感情の噴出を受けて、日米両政府は一九九六年に普天間飛行場の返還に合意した。その後、県内における代替施設の受け入れをめぐって紛糾した後、一九九九年に名護市が受け入れを正式に表明した。その結果、二〇〇二年に辺野古沖を移設先とする軍民共用空港建設の基本計画が策定された。同時に在日米軍再編に関する話し合いが行われ、二〇〇六年にはその工程に関する合意が成立した。二〇〇九年に長らく政権与党であった自民党が総選挙で敗北し、鳩山由紀夫民主党政権が誕生すると、同政権は従来の政策の見直しを掲げ、普天間飛行場の県外移設を提唱した。しかし交渉は難航し、結局二〇一〇年に現行案通り辺野古への移設が表明され、この問題は鳩山首相辞任の一因となった。

その後、二〇一二年に再び政権与党に復帰した自民党の安倍晋三政権との間でより対立が先鋭化した。二〇一〇年代の沖縄問題の主たる争点は、辺野古基地建設のための埋め立てをめぐって展開した。二〇一四年以降、政府の埋め立て事業を阻止するための反対運動が激しさを増し、警察や海上保安庁の取締りも強化された（新崎 二〇一六：一八四）。こうした状況の中、「オール沖縄」と呼ばれる島ぐるみ運動が活性化し、二〇一六年一一月に翁長雄志知事が当選した。翁長知事は自民党県連幹事長も務めた経験があり、沖縄の保守勢力と革新勢力から構成される「オール沖縄」の象徴的存在であった。翁長知事は日本政府との対決姿勢を明確にし、その結果、県と政府との埋め立て承認をめぐる代執行訴訟へと発展した。翁長知事の急逝を受けて二〇一八年九月に県知事選が実施され、その結果就任した玉城デニー知事も「オール沖縄」路線を継承した。二〇一九年には辺野古基地建設をめぐる県民投票が実施され、「反対」は七二％に達した[8]。そして二〇二〇年代初頭の今日もこの対立構図は継続している。

4―2　沖縄の社会とメディアによる「我々」の境界線の強化

この普天間基地移設問題が紛糾する過程において、境界線の政治は沖縄社会の中でどのように展開したのだろうか。

重要な点は、この過程で米軍基地の「整理縮小」ではなく「県外移設」という要求が明確に掲げられるようになったことである。つまり、それは自らの負担を本土社会に積極的に押しつけ返すことを意味している。普天間飛行場の代替施設受け入れを表明していた名護市では、二〇一〇年一月に移設反対派の市長が当選し、続く同年九月の市議会選挙の結果、反対派が議会の過半数を占めることとなった。二〇一〇年一一月の県知事選挙では主要二候補が「県外移設」を主張した。加えて二〇一〇年四月二五日には県民大会（「米軍普天間飛行場の早期閉鎖・返還と、県内移設に反対し国外・県外移設を求める県民大会」）が開催され、九万人が参加し（主催者発表）、「国外・県外移設」が要求として掲げられた（『琉球新報』二〇一〇年四月二六日）。

この「基地の県外移設」を明確に掲げた沖縄の民意を境界線の政治という観点から分析するうえで重要なのは、「本土社会は沖縄を理解していない（理解してこなかった）」という意識の広がりである。NHK放送文化研究所の沖縄県民意識調査によると、「本土の人は沖縄の人を理解しているか」という質問に対して、「理解している」と答える割合は一九八七年の四五％から二〇一二年の二六％へと減少し、「理解していない」とする割合は四八％から七一％へと増加している（河野・小林 二〇一二）。このことは、普天間基地移設をめぐる政治過程の中で、沖縄社会の中で本土社会が利害関心を共有しない「他者」であるという理解が広がっていること、そして本土社会との間に引かれた境界線がますます強化されていることを示している。

こうした沖縄社会における境界線は、一九九五年以降も地元紙によって積極的に構築されてきた。第一に、「反基地」を掲げる「我々」が一枚岩であることが引き続き強調されている。例えば二〇一五年五月一七日に県内で行われた普天間飛行場の辺野古移設に反対する県民大会の模様を報じた『琉球新報』の号外では、「新基地阻止内外に、圧倒的民意を発信」という見出しを掲げ、「二〇一四年の名護市長選、県知事選、衆院選などで相次いで示された辺野古新基地建設反対の民意をあらためて国内外に発信するため、…（略）…数万人が集まり会場を埋め尽くした」と報じている（『琉球新報』二〇一五年五月一七日）。そして「我々」が一枚岩であることを強調する一連の記事には「賛成派」や「中立派」の県民の声は表象されていない。

第二に、地元紙の言説実践において、「差別」という表現が用いられ、本土社会との敵対関係がより強固な形で示されるようになった。

沖縄の過重負担を前提にした差別構造（『沖縄タイムス』二〇一〇年五月二九日）

県内移設の押し付けに対し「沖縄差別」と感じる県民が増えている（『琉球新報』二〇一〇年五月二四日）。

沖縄への不公正、不公平な安保政策の継続は「差別」であり、平和学が言うところの「構造的暴力」にほかならない（『琉球新報』二〇一〇年五月二七日）。

例えば二〇一六年の辺野古移設反対運動に動員された機動隊員による「土人」発言についても、本土社会における「植民地意識が露呈した」と主張した（『琉球新報』二〇一六年一〇月二一日）。一連の主張は、沖縄問題が基地の押しつけという「ＮＩＭＢＹ（Not In My Backyard）」にとどまらず、植民地主義的な沖縄差別のもとに正当化されているという異議申し立てである。このように、「反基地」の政治的論理に基づく沖縄ローカルメディアの「我々」の構築をめぐる言説実践は、ますます本土の対立関係を強調するようになった。そしてこうした言説は沖縄社会と本土社会の境界線の政治の展開に影響を与えたのである。

4-3　全国紙の言説戦略と境界線の政治

本土社会との分断を形成するまでに発展した「政治的なもの」とそれによって構築される沖縄社会の敵対的なアイデンティティを全国メディアはどのように捉えていたのだろうか。

本土社会では、二〇〇九年から二〇一〇年にかけて民主党政権下で問題が深刻化したことを契機として、全国メディアのテクストレベルにおいても沖縄問題をめぐる境界線が可視化した。そしてそれは「分断」とみなされ、その解消を図る言説戦略が積極的に展開するようになったのである。

その一方で、沖縄問題をめぐるこの分断をどのように解消すべきかに関する全国メディアの主張は二分されている。例えば『朝日』は沖縄問題を「我々の問題」であると明確に主張する。

在日米軍基地が集中する沖縄県の過重な負担の軽減は、日米安保体制の恩恵を等しく受ける日本国民全体の課題である（『朝日』二〇一〇年九月五日）。

『朝日』の言説実践は沖縄社会の「怒り」を共有し、それに正面から向き合うことで新たな「我々」を構築しようとする「包摂」の言説戦略に基づいている。例えば「『差別だ』沖縄に広がる」「痛み受け止めぬ本土にがっかり」という見出しで沖縄社会の本土社会に対する反感を伝えている（『朝日』二〇一〇年五月一三日）。また、同様の観点から「沖縄、怒り、疲れ、虚脱」という記事を掲載している。ここでは「沖縄はかわいそうと言いながら痛みを受け入れようとはしないヤマトの偽善」を訴える沖縄の声が紹介されている（『朝日』二〇一〇年九月一二日）。こうした言説実践は、沖縄問題の深刻化に対する危機意識のもと、新しい「我々」のあり方を模索する試みであり、沖縄との間の分断、すなわち敵対性を消去しようとする境界線の政治でもある。

しかしながら『朝日』は「在日米軍の存在は、日本防衛のみならず、アジア太平洋の安全保障に重要な役割を果たしている」とも主張している（『朝日』二〇〇九年一〇月一五日）。ここに『朝日』の言説実践を規定する「平和国家」の論理の存在を認めることができる。それは先述の通り日米安保体制に基づく「平和」であり、沖縄問題を不可視化することで矛盾を解消しようとする論理であった。したがって、「平和国家」のヘゲモニーのもとで編成される『朝日』の沖縄問題をめぐる言説は、沖縄の置かれた状況を記述することはできても、それを「我々」として包摂することの困難性に直面する。沖縄問題をめぐる「反基地」の言説は、「平和国家」の論理では説明しえない敵対性を伴っているからである。このように、全国紙の言説実践の中で沖縄問題は「平和国家」のヘゲモニーおよびそれを基盤とした「我々」のあり方が不可視化していた矛盾を露呈させる結果となる。

他方、『読売新聞』（以下『読売』）の言説実践は『朝日』とは異なる形で沖縄を包摂した「我々」を構築しようとする。日米安保体制の枠内で沖縄の基地負担軽減を図るという点において『読売』も「平和国家」の論理に基づいている。ただし、同紙は普天間飛行場の県外・国外移設を「非現実的」（『読売』二〇〇九年一〇月二二日）とみなし、県内の名護市辺野古に代替施設を建設する日米合意こそが「基地負担軽減の早道」であるという立場に立つ（『読売』二〇一〇年六月九日）。

日米同盟の信頼性を維持し、沖縄の基地負担を大幅に軽減する。そのため、鳩山首相は、米海兵隊普天間飛行場の県内移設を容認するよう政策転換すべきだ（『読売』二〇〇九年一〇月一五日）。

朝鮮半島情勢の緊迫化や中国の海洋進出を踏まえれば、普天間飛行場を県外に移設し、海兵隊の抑止力を減退させる選択肢は、中長期的にも取り得ない（『読売』二〇一〇年一二月一八日）。

『読売』の社説において、沖縄の世論は民主党政権（鳩山政権）によって「期待感を煽られ」た存在として描かれている（『読売』二〇一〇年八月四日）。ここで重要な点は、普天間飛行場移設の問題に関して、次の社説に見られるように、沖縄の民意だけに委ねるべきでないという主張が繰り返されていることである。

だが、本来、国全体の安全保障にかかわる米軍基地問題に関して、県民の意向だけに委ねるような姿勢は危険である（『読売』二〇〇九年一〇月二二日）。

米軍基地など日本全体の安全保障にかかわる問題は本来、地元の民意に委ねず、政府の責任で判断すべきだ（『読売』二〇一〇年九月一四日）。

境界線の政治という観点から、この『読売』の言説実践は次のような特徴を持っている。第一に、「ナショナル・アイデンティティ」を基盤とした「我々」が想定されている点である。そして第二に、沖縄アイデンティティもこの「ナショナル・アイデンティティ」の内部に包摂しようとしている点である。その結果、沖縄問題は「国益」に関わる問題であり、日本社会＝「我々」を構成する一部の意見（すなわち沖縄の民意）だけで解決されるべき問題ではないという主張を正当化している。この言説実践は、沖縄社会独自の「我々」の構築を志向する等価性の連鎖を解体することでその敵対性を解消しようとする政治的意味作用である。とはいえ、その後の「オール沖縄」の展開に見られるように、こうした「我々」への包摂を試みる言説戦略もまた有効に機能したとは言い難い。

このように、全国メディアは沖縄の「我々」を本土社会の「我々」に包摂するための言説実践を展開した。それらの言説実践は、沖縄社会の対抗言説が構築する境界線を引き直し、「政治的なもの」の拡大を抑制・制御しようとする点において幻想的論理に基づいていたと言える。しかし、それらは沖縄社会の対抗言説の敵対性を解消しえず、結果的に両者の間の境界線は強化され続けた。沖縄の敵対性を解消するためには、沖縄を本土の「我々」から切り離すことで成立してきた「平和国家」の論理そのものを問い直す必要があった。しかしながら、全国メディアの言説実践は、この社会的論理を維持したまま沖縄の対抗言説を吸収しようとしたため、その言説戦略は機能不全に陥ったのである。

5 デジタルメディア環境の中の沖縄問題と境界線の政治の行方

5-1 メディア実践の変化と新たな政治的論理

一九九五年以後の沖縄問題をめぐるニュースの言説分析から、境界線の政治に関する次の特徴が明らかになった。沖縄の地元紙は、基地問題をめぐる「政治的なもの」が活性化する中で「反基地」の政治的論理に基づく言説実践を通じて本土社会と対立的な「我々」を構築してきた。そしてこの等価性の連鎖が「沖縄差別」への批判という形式でますます強化されつつあることを確認した。他方で、全国メディアは沖縄問題の深刻化に伴ってさまざまな形式で「我々」に「沖縄」を包摂し、その敵対性を縮減させる幻想的論理に基づいた言説戦略を展開した。しかしながら、そうした包摂の困難性や矛盾に直面していることが明らかになった。なぜならば、沖縄社会の言説空間で構築された境界線を引き直すためには、「平和国家」のヘゲモニーを成り立たせる社会的論理そのものを問い直す必要があったからである。以上のように、ニュースメディアの言説実践において、沖縄問題をめぐる本土社会と沖縄社会との境界線（分断）は強固なものとなりつつある。

この境界線の政治の現代的展開を論じるうえで、メディア環境の変化がもたらす影響を検討することが重要であることは言うまでもない。二〇一〇年代に本格的に進展したソーシャルメディアの発達と普及は、メディアユーザー同士の新たな関係性の構築や連帯を可能にした。また、ニュースの引用、参照、拡散、共有、解説、批判といったソーシャルメディアを通じた新たなメディア実践は人々の沖縄問題をめぐるメディア経験を変容させ、境界線の政治にも影響を及ぼしうるものである。

しかしながら、このメディア環境の変化に伴って立ち現れつつある新たな境界線の政治が沖縄問題の解決をより困難なものにしうるという側面に注目する必要がある。第一は、インターネット上のメディア実践の中で、沖縄社会を積極的に排除する境界線が引かれる状況である。この境界線は「反日」をめぐる新たな政治的論理に基づいて構築される。「反日」は、日本の「国益」あるいは「国策」に反するとみなされる思想や行為を意味づける際に用いられるシニフィアンであり、日本社会共通の「敵」を名指しし、攻撃するインターネット上のメディア実践の中で積極的に用いられてきた（倉橋二〇一九参照）。こうしたインターネット上の「反日」批判のメディア実践が沖縄問題を語る中でも顕在化しつつある（琉球新報社編集局 二〇一七、山田 二〇一八）[9]。

その結果、「沖縄社会における『反基地』の主張は沖縄社会の『反日』勢力によって担われ、さらに本土社会の『反日』勢力や海外の『反日』国家による支援を受けて成立している」という言説が編成される[10]。この場合、「反日」勢力を排除すること、そしてそうした排除を通じて沖縄社会を日本に「取り戻す」という政治的論理が構築される。そしてこの政治的論理に基づくメディア実践において、

『沖縄タイムス』や『琉球新報』が展開する「反基地」の言説実践は、「日本」という「我々」のアイデンティティの十全な構築を阻害する敵対性であると理解されるのである。[11]

第二は、沖縄社会における等価性の連鎖を解体するメディア実践である。沖縄社会内部における反基地運動に対する「反感」は近年注目されてきたが（『朝日』二〇一四年五月一一日）、ソーシャルメディアはこうした「反感」をより明確に可視化させつつある。[12] それはまた、沖縄のローカルメディアである『琉球新報』や『沖縄タイムス』が従来担ってきた「反基地」の言説実践に対する異議申し立てという形式としても表出している。これも「反日」という政治的論理に基づくメディア実践であり、沖縄社会の「一枚岩の我々」ないし「オール沖縄」という等価性の連鎖を解体し、沖縄社会の「声」の一部を自陣に組み込もうとする境界線の政治と理解しうる。

したがって、これらのメディア実践は、沖縄社会の一部と本土社会とを結びつける新しい等価性の連鎖を構築する政治的論理であり、二〇一八年の沖縄県知事選をめぐるフェイクニュースの拡散もこうした観点から説明することができる。[13]

5–2　沖縄問題をめぐるメディア実践の政治の困難性と可能性

以上のように沖縄問題をめぐって敵対的な境界線がますます強化されつつある状況において、ニュースメディアはジャーナリズムとしてどのように向き合うことができるのだろうか。メディア環境の変化によって主流ニュースメディアのプレゼンスが低下し、人々のメディア経験そのものが断片化する中で、こうした問いにも困難性が伴っていることが了解される。

重要な点は、組織化・制度化されたニュースメディアの言説実践そのものが、不可避的に境界線を構築するという側面である。ニュースの生産過程が「選択・編集」に基づく以上、そしてそうした「選択・編集」が国民国家や県といった特定のコミュニティの価値観や利害関心を反映したものである以上、何かを包摂し、あるいは排除することは必然的に生じうるからである。

したがって、ここでの課題はジャーナリズムのメディア実践やその結果生み出されるニュースが境界線を生み出すメカニズムを踏まえたうえで、さらに今日のメディア環境の中で、境界線をどのように引き直すことができるのかを考えることである。それは、本章で明らかにしてきたように、戦後日本の中で編成されてきた社会的論理とそうした論理の構築にニュースメディアが果たしてきた役割を批判的に問い直す作業も関わってくる。

そしてこの作業は、分断を乗り越えて包摂・統合された民主主義社会の秩序の構想にニュースをめぐるメディア実践の政治がどのように寄与しうるのかという問題へと通じている。この問題に取り組むためには、ニュース研究の知見だけでなく、民主主義をめぐる政治理論の観点からの考察も必要となる。これまでも論じてきたように、ラディカル・デモクラシーは政治における対立や抗争が不可避な要素であることを認めたうえで、民主主義の発展・深化を追求する理論である（ラクラウ／ムフ 二〇〇一＝二〇一二、Howarth 2013）。ラディカル・デモクラシーの議論では近年、敵対性に基づく分断を闘技に基づく対抗的な政治へと導く民主主義的な実践の意義が再評価されている（ムフ 二〇〇五＝二〇〇八、山本 二〇二〇：二六六－二七一）。この議論は、沖縄問題の境界線の政治を「ニュースをめぐるメディア実践の政治」という観点から捉え直す際に示唆に富む。

いわば、沖縄問題をめぐる境界線の政治のメディア研究は、こうした基本的な地点から再出発せざるをえない。しかしそれは、新たなジャーナリズムと民主主義の可能性を構想するための糸口でもある。

[注]

(1) なお、一九六八年に沖縄問題研究家の新崎盛暉は「ほんらい一体であるべき日本本土と沖縄の分断をうみだす原因となり、また分断の結果として発生した政治的、経済的、社会的、文化的、あるいは思想的諸問題の総体が沖縄問題である」と論じている(新崎 一九六八:一六)。このように沖縄問題は基地問題だけでなく、沖縄戦などの歴史認識問題も含めた広範な問題群の総称として意味づけることも可能である。

(2) 例えば中野好夫は砂川闘争について「砂川は日本ぜんたいの傷口だ」と評している(中野 一九五六:一六一)。この記述からも、砂川闘争が当時の反基地運動全体を象徴する存在であったことがうかがえる。

(3) 沖縄返還の政治過程で沖縄社会では本土復帰運動が高揚し、本土社会では沖縄を「奪還すべき島」と意味づけられたが、この運動は「反基地」をめぐる広範な「我々」を構築するに至らなかった(高橋 二〇〇五参照)。なお、全国紙において、沖縄に関する報道量が復帰前後に急増したものの、復帰後に急速に減少した(山腰 二〇一二b:一二九)。このことは社会的な関心が一時的なものにとどまったことを示している。

(4) 先述の通り、米国統治下にあった沖縄における米軍用地は半ば強制的に接収・使用されていた。復帰に際して日本政府は軍用地の地主との間に賃貸借契約を結んだうえで、土地を米軍に提供する措置をとったが、中には契約を拒否する地主が存在した。そのため、強制使用を可能にするための法律の整備が進められ、土地の強制使用を可能にした。代理署名はこの未契約地主が所有する米軍用地の強制使用の手続きを知事が代行する過程で必要となる。一九九五年のこのケースでは知事が代理署名を拒否することで強制使用手続きは停滞し、一九九七年五月に使用期限が切れる一部の基地施設の維持が困難となる可能性が生じた。なお、今日では法律改正により、事実上永続的に土地の強制使用が可能となっている（新崎 二〇〇五：一八一）。

（5） 日米地位協定とは、日米安全保障条約に基づき締結された「日米安全保障条約第六条に基づく施設および区域並びに日本国におけるアメリカ合衆国軍隊の地位に関する協定」のことである。同一七条五項の規定により、米軍人とその家族が罪を犯した場合、日本の捜査機関が容疑事実を固め起訴するまで、その身柄は米軍当局が拘束することになる。その結果、一九九五年のこの事例においても地位協定を盾に日本側への容疑者の身柄引き渡しが拒否されるという事態が生じた（沖縄タイムス社編 一九九六：一九）。当初沖縄のメディアおよび世論はこの問題から反基地感情に火がついた。

（6） 裁判は最高裁まで争われたが、一九九六年八月二八日、県側の敗訴が確定した。

（7） 県有権者の過半数が「基地の整理縮小」に賛成した。賛成は投票総数の八九％に達したが、投票率は五九％と伸び悩み、解釈が分かれることとなった（沖縄タイムス社編 一九九六）。

（8） 二〇一九年二月二四日に実施され、投票率は五二％であった。

（9） なお、二〇一〇年代の展開においては、例えば「保守速報」などのインターネットまとめサイトが中心的な役割を担ったが、その後はツイッターなどのSNSがそうしたメディア実践の基盤となった。また、一連の動向はインターネット上の「炎上」やフェイクニュースの拡散の要因となっている（「真偽不確か、政治家も発信源（ゆがむ事実2）」『朝日』二〇一七年四月三〇日）。

（10） 二〇一七年一月に放送され、BPOで放送倫理違反を指摘されるなど大きな騒動へと発展した東京MXテレビの「ニュース女子」における沖縄米軍基地反対運動のリポートもこうした言説実践に基づくものであった。なお、同番組はDHCシアターが制作していた。後継のDHCテレビジョンは現在も番組を制作し、ユーチューブやニコニコ生放送で定時のストリーミング配信を行っている。

（11） 二〇一五年六月二五日に自民党文化芸術懇話会での沖縄の地元紙二紙を「つぶさなければならない」という発言もこうした言説実践と密接に関連する。

（12） こうした言説を担う沖縄県内のツイッターやインターネット放送局の動向については山田（二〇一八：八八−八

九）を参照。

（13）『バズフィード・ニュース』は二〇一八年九月一二日配信の記事で、「沖縄県知事選挙二〇一八」や「沖縄基地問題ドットコム」を名乗るサイトやツイッター、ユーチューブのアカウントがこうした言説を編成していたことを指摘している（https://www.buzzfeed.com/jp/kotahatachi/okinawa-fc1　二〇二一年四月一〇日最終アクセス）。

第III部 ニュース文化はどのような危機に直面しているのか

第五章　「ポスト真実の政治」再考
――ニュースの政治社会学からのアプローチ――

1　ニュース研究の分析対象としての「ポスト真実」

第Ⅱ部（第三章、第四章）ではマス・メディアが生産するニュースを主な対象に、その言説実践の政治的意味作用を分析した。新聞をはじめとするマス・メディアはニュースの生産・伝達・消費をめぐるレジームを確立してきた。そしてそれゆえ、マス・メディアの生産するニュースが批判的研究の中心的対象となってきたのである。しかしデジタル化が進展し、メディア環境が大きく変わる中でその構図が流動化し、第四章の最終節で示したように「ニュースをめぐるメディア実践の政治」はますます複雑なものになっている。したがって第Ⅲ部（第五章、第六章）では、今日のデジタル環境におけるニュースの政治社会学はいかにして成立しうるのか、そして本書のアプローチはどのような意義を持つのかを検討することにしたい。

本章では、ニュースの政治社会学からの「ポスト真実の政治」の分析視座の構想を試みる。ポスト真実の政治は、メディア環境の現代的変化とジャーナリズムや民主主義の危機との関係性から捉えることができ、本書のアプローチの今日的意義を示しうる対象だからである。

よく知られるように、「ポスト真実（post-truth）」は二〇一六年の米国大統領選挙でのドナルド・トランプの勝利や英国のEU離脱を説明する概念として注目され、オックスフォード英語辞典の「ワード・オブ・ザ・イヤー」に選出された。同辞典では「世論形成において、客観的な事実よりも感情や個人的信条へのアピールが影響を与える状況」[1]と説明されているが、一般的にはインターネット上の陰謀論の流行に見られるような集団内で信じたいものだけを信じる傾向が強まる状況を指すものと理解されている。

トランプ政権の四年間で事態は改善することなく、二〇二〇年の大統領選挙から二〇二一年のジョー・バイデン新大統領の就任式にかけて「不正選挙」をめぐるフェイクニュースや陰謀論が活性化し、ポスト真実の政治はピークに達した。そして不正選挙を信じる数千人とも言われるトランプ支持者たちによる二〇二一年一月六日の連邦議会議事堂への襲撃・乱入事件はそれを象徴するスペクタクルとなったのである。

この数年間、メディア、ジャーナリズム、政治コミュニケーションの研究者たちはこうした状況を分析しようとさまざまなアプローチから取り組んできたが、まだ本格的な検討が始まった段階に過ぎない。また、米国の事例に還元して分析する傾向の問題が指摘され、比較研究の必要性が主張されている点に留意すべきである（Corner 2017: 1106）。つまり、それぞれの国や社会のメディア環境や政治的、歴史的、文化的文脈から生じるポスト真実の政治の実態（あるいはその有無）を分析・検証することが求められている。

こうした点から日本におけるポスト真実の政治を考える場合、メディアやジャーナリズムをめぐる領域で研究が十分に進展しているとは言い難い(2)。その理由として、一連の研究領域ではポスト真実の政治というよりも、インターネットを介した「フェイクニュース」や「偽情報（disinformation）」の拡散や受容の問題に関心が集中してきたことが挙げられる。言うまでもなく、これらの厳密な分析や検証は不可欠であり、導き出される知見やデータは日本のジャーナリズムや民主主義にとってきわめて大きな意義を持つ。

ただし、日本のフェイクニュースや偽情報の拡散は米国の状況と比べて少なくとも現時点で深刻とは言い難く、前提となるメディア生態系、あるいは政治的な対立や分断の状況も異なっている。そしてそれは一見すると「フェイクニュースの状況から見る限り、日本では米国のようなポスト真実の政治が進展しているとは言えない」と示唆しているかのようである。

だが、そのことは必ずしも日本社会におけるポスト真実の政治をニュースの政治社会学の視座から分析する意義を否定しない。ポスト真実の政治はインターネット上のフェイクニュースの拡散や受容の問題に還元されないからである。例えば、トランプ大統領による「フェイクニュース」という語の用法はその典型として挙げられる。周知のように、トランプ大統領はCNNなど自身に対して批判的なニュースメディアおよびその報道を「フェイクニュース」と名づけ、非難した（前嶋 二〇一九：四二―四三）。これは伝統的な主流ニュースメディアおよびそのリベラルな言説の正統性を掘り崩すための対抗的な言説戦略であり、こうした言説編成はトランプ支持者によって共有され、トランプ政権におけるポピュリズム政治の構成要素となった（Farkas and Schou 2020: 74-75）。つまり、それはある対象が敵対する勢力によって「フェイク」と名づけられる政治的意味作用の問題であり、主流ニュースメディアによるメディア実践の「正統性の危機」をもたらすという点においてポスト真実の政治の一側面である。したがって、なぜこうした言説実践が有効に機能しうるのか、そして日本社会でも同様の状況が存在するのかについて、ニュースの政治社会学からのアプローチが必要となる。

また、日本でもメディア研究やジャーナリズム研究以外の領域で、ポスト真実に関する分析や考察が進められており、日本社会における展開を検討するうえで示唆に富む。例えば百木漠は政治理論の観点からポスト真実の諸相を読み解く手がかりとして、ハンナ・アーレントの「政治における嘘」論に注目する（百木 二〇一九）。アーレントは「政治における嘘」の現代的特徴を「隠蔽」ではなく、事実と虚構の区分の「破壊」にあると論じた（アーレント 一九六八＝一九九四：三四四）。それは自分自身をも欺きながら、「真実に似たもの」、すなわちもう一つの「現実」を作り出す政治的実践である（アーレント 一九六八＝一九九四：三四六－三四八）。この議論は、トランプ大統領就任式の観客数が実際には少なかったにもかかわらず、「過去最多」と主張し、それこそが「オルタナティブ・ファクト（もう一つの事実）」であるとテレビの報道番組で発言した政権スタッフの事例や、犯罪統計をめぐるCNN記者と共和党の重鎮とのやり取りといったポスト真実の政治の典型的事例がまさに現代的な「政治における嘘」であることを示している。(3)

百木は安倍政権下の公文書改竄問題についても同様に「現代的な政治における嘘＝ポスト真実」の

観点から説明する（百木 二〇一八）。すなわち、「首相の意向にあわせて、官僚が公式文書を後から改竄する事態」とは、事実の「隠蔽」ではなく、事実と虚偽の区分を破壊することでもう一つの「現実」を作り出す実践であるがゆえに「現代的な嘘」なのである（百木 二〇一八：一九三）。

ここで注目すべきは、「現代的な政治における嘘」はそれを許容する世論によって支えられるという点である。そうした世論とは、「単に騙されて嘘を信じている人々というよりも、むしろ事実と虚構の区別自体を捨て去り、真実への信を捨て去った人々」によって形成される（百木 二〇一九：一〇二）[(4)]。このアーレントの「政治における嘘」の観点からポスト真実を捉えると、それが政治家のみならず、社会で幅広く共有された政治的「現実」の構築と受容の様式であることが分かる。そしてそうした様式が社会で幅広く共有されているという側面が、「それはフェイクである」「あなたは騙されている」といったファクトチェックが有効に機能しえない要因になっている。ファクトチェックに対する無関心だけでなく、むしろそのような指摘それ自体に対する忌避感や嫌悪感が広がりつつあるからである。したがって、メディア研究やジャーナリズム研究においても、こうしたポスト真実の政治をめぐる社会的次元に着目し、さらには日本における展開を分析するアプローチが求められるのである。

以上のような必ずしもインターネット上のフェイクニュースの拡散や受容の側面に還元されないポスト真実の政治の特徴を分析するうえで、本書でこれまで検討してきた批判的コミュニケーション論に基づくニュースの政治社会学のアプローチ、とくに「ニュースをめぐるメディア実践の政治」という視座が有効である点を論じることにしたい。初めにポスト真実の政治およびフェイクニュースの特徴と、それぞれの関係性を改めて確認したうえで、メディア研究や政治コミュニケーション研究における先行研究を参照する。そこではポスト真実の政治が「現実の構築メカニズムの危機」と「民主主義の危機」という二つの危機との関連から分析されてきた点を明らかにする。批判的コミュニケーション論に基づくニュースの政治社会学は、そうした先行研究の知見を活用しつつも、実践とレジームとの相互関係に着目する「ニュースをめぐるメディア実践の政治」の視座によって、より根源的にポスト真実の政治の条件となるニュースメディアおよび民主主義の危機診断が可能になると論じる。そして最後に日本におけるポスト真実の政治をニュースの政治社会学から分析するアプローチを試論的に提示する。

2　フェイクニュースとポスト真実

2–1　フェイクニュース研究の分析視座

まずはフェイクニュースとポスト真実の政治に関する既存研究を概観し、それぞれの論点と両者の関係性について改めて検討する。

フェイクニュースに関して、現代ジャーナリズム研究の代表的論者の一人であったブライアン・マクニアは「本物のニュースであるかのように提示される政治的および／ないし営利的目的を伴って意図的に制作された偽情報（捏造や既知の事実の改変）」と定義した（McNair 2018: 38）。この定義からも明らかなように、ジャーナリズム研究の観点からのフェイクニュースをめぐる議論では偽情報を生産し、拡散する主体に焦点が当てられている。

第一に、「クリックベイト」など営利目的に基づいてフェイクニュースを制作・配信・拡散する主体である。例えばマケドニアの若者たちによる「フェイクニュース工場」はよく知られている（マッキンタイア 二〇一八＝二〇二〇：一三七－一四〇、笹原 二〇一八：二九－三二）。第二に、（営利目的が伴う場合でも）政治的な目的に強く動機づけられた主体である。このカテゴリーには、例えばオルタナ右翼のソーシャルメディアのアカウントから「インフォウォーズ」「ブライトバート」といったニュースサイトまでもが含まれる（McNair 2018: 55-61）。

そして第三に、海外からのプロパガンダである。例えば二〇一六年米国大統領選挙でフェイクニュースの拡散や炎上に関与したとされるロシアの「インターネット・リサーチ・エージェンシー（IRA）」の諸活動が挙げられる（平 二〇一七：五五－五七、カクタニ 二〇一八＝二〇一九：一〇六－一〇七）[5]。

フェイクニュースをめぐる議論では、このような送り手の目的や意図の分析に加えて、フェイクニュースが広範に拡散する要因や、受け手がそうした情報を信じ、「騙される」要因についても積極的に調査・研究が進められてきた。ここでは主にインターネットやソーシャルメディアの技術的特性と受け手の心理メカニズムの観点から説明が加えられる傾向にある。

技術的特性の場合、例えばソーシャルメディアによる双方向型のコミュニケーション、ソーシャルネットワークの構築、情報の共有といったメディア実践が容易になったことでフェイクニュースもまた拡散しやすくなったと論じられる（白崎 二〇二〇：三三三－三三五、McNair 2018: 52-53, 64-66）。それに加えてSNSや検索サイトのアルゴリズムがパーソナライゼーションをもたらし、ユーザーの関心や政治的立場に適したフィルターバブル[6]を生み出すことで偽情報の拡散や共有を促す点が強調される（笹原 二〇一八：九九）。

フェイクニュースを信じる心理メカニズムは「認知バイアス」に関わる概念やモデルが参照される。自らの信念と一致し、それを補強する情報を集め、それらに反する情報を無視する「確証バイアス」をはじめ、「バックファイア効果」「ダニング＝クルーガー効果」などがそこに含まれる（笹原 二〇一八：五四-五八、マッキンタイア 二〇一八＝二〇二〇：七二-八二）[7]。いずれも人々は見たいものを見る、あるいは信じたいものを信じる心理的傾向があるがゆえに、フェイクニュースに影響を受けると説明する概念である。さらに、こうした技術的特性と心理メカニズムが組み合わさることで、エコーチェンバー[8]など、フェイクニュースが拡散、共有、あるいは受け入れられる情報環境が形成されると論じられる。

以上のように、フェイクニュースをめぐる議論では、①何らかの意図を持った主体によってフェイクニュースが制作され、②メディア技術や人々の心理メカニズムによって伝達・拡散・共有されやすい環境が形成される、と論じられる傾向にある。そしてこうした前提のもとで、「誰が、なぜ騙されるのか」が分析され、「騙されないためにはどうしたらよいのか」が検討されることになる。多くの場合、「ファクトチェック」「メディアリテラシー」そして「規制」が処方箋として提示される（例えば平 二〇一七、笹原 二〇一八、McNair 2018; 白崎 二〇二〇）。

しかし留意すべきは、フェイクニュース研究の事例として参照されるトランプ現象ではこうした理論枠組みでは説明しえない要素が見られる点である。先述の通り、トランプが主流ニュースメディアを「フェイクニュース」と攻撃する言説戦略が支持される状況はその典型である。さらに、ソーシャルメディアの発達や普及、そして政治利用は二〇一六年以前から進展してきたにもかかわらず、なぜフェイクニュースとそれをめぐる個人や集団の特定の心理的メカニズムが米国大統領選をきっかけに活性化したのかについて、この理論枠組みだけでは説明できない。それを説明するためには、二〇一六年以前から生じている諸要因の中・長期的傾向へと議論の射程を広げる必要が出てくるのである。

実際に、マクニアはフェイクニュースの活性化を論じる際に、それを可能にした幅広い政治的、社会的、経済的、文化的諸要因について検討している（McNair 2018: 41）。

・哲学的・認識論的要因――相対主義の登場、そしてそれが自然科学や人文科学へますます影響を与えるようになっていること。
・文化的要因――西側世界で一九五〇年代以降進展した、（ジャーナリズムも含めた）エリートへの敬意と信頼の低下。
・経済的要因――事実に基づく報道を行ってきたメディアに対する競争圧力の増加。その帰結としての、事実を提示しつつもユーザーの注意を引きつけ、利潤を生み出すことを第一に優先するコンテンツを生産する傾向。
・技術的要因――デジタルメディアのプラットフォームの激増。その多くは伝統的かつ独自のジャーナリズムのコンテンツを生み出すことよりも、数字が稼げるような情報を盗用したり捏造したりすることに駆り立てられている。
・政治的要因――ドナルド・トランプの大統領選挙当選に見られるようなナショナリズム、ポピュリズム、オルタナ右翼の台頭。

そしてこの段階に至るとフェイクニュースの議論はポスト真実の政治をめぐる議論と重なり合い、あるいはそこに回収されることになる。なぜならば、ポスト真実の政治の論者たちは、ポスト真実状況が上記のような諸要因によって歴史的に形成されてきた過程に関心を払ってきたからである（カクタニ 二〇一八＝二〇一九、マッキンタイア 二〇一八＝二〇二〇）。以下で概観するように、ポスト真実論は幅広い民主主義や「現実」の構築をめぐる問題に焦点を当てつつ、フェイクニュースをポスト真実の政治の形態の一つとみなす。つまり、フェイクニュースの活性化はポスト真実の政治の中心的要素というよりも、その産物の一つとみなされることになるのである。

2-2 「ポスト真実の政治」研究の分析視座

以下ではポスト真実の政治をめぐる代表的な研究である『ポスト・トゥルース』（リー・マッキンタイア）と『真実の終わり』（ミチコ・カクタニ）を手がかりに、分析視座の特徴を検討する。ポスト真実に関して、前者は科学も含めた客観的事実をめぐる「知」のあり方の危機に注目するのに対し、後者は民主主義の危機としての側面を強調する。こうした力点の違いはあるとはいえ、両者とも政治的、経済的、文化的、社会的諸要因からポスト真実の政治が歴史的に形成されてきた過程を明らかにするという視座を共有している。

『ポスト・トゥルース』も『真実の終わり』も、一連の諸要因の中ではとくに戦後の米国社会の文化的変容を重視する。カウンターカルチャーの隆盛やポストモダニズムの受容は相対主義を促進し、「普遍的なもの」「絶対的なもの」の否定につながった。一連の文化変容は従来とは異なる「事実」や「現実」の構築を可能にすると同時に、米国社会の支配的価値観によって抑圧されたものの解放を目指すリベラルないし左派の言説戦略として発展してきた。[9] ポスト真実論は、こうした言説戦略が次第に政治的右派や産業界によって「乗っ取り」が図られるようになったと指摘する。[10]

……（略）……相対主義の影響力は、一九六〇年代に文化戦争の幕が開いて以降、高まりつつあった。当時それは、西洋中心的、ブルジョア的、男性支配的な思想のバイアスを暴くことに熱心な新左翼と、普遍的な真実を否定するポストモダニズムの真理を唱える学者に採用された。あるのは小さな個人的な真実、つまりその時々の文化的・社会的背景によって形成された認識に過ぎないというのだ。その後、相対主義的な主張は右派のポピュリストに乗っ取られた。進化論を否定する創造論者や気候変動否定論者は、自らの考えを科学的根拠のある理論と並べて教えるよう要求している（カクタニ 二〇一八＝二〇一九：一二）。

したがって、トランプ現象は、戦後米国社会の中で展開してきた相対主義的な意味づけや解釈を採用する言説戦略が右派ポピュリズムによっても用いられるようになった結果として生じたと理解されるのである。

ポスト真実の政治をめぐる議論によると、このような相対主義的な言説戦略の右派ポピュリズムによる「乗っ取り」が「民主主義の危機」をもたらした。すなわち、トランプ政権の言説戦略が米国の民主主義を支えてきた司法、行政、選挙、教育、科学、メディアなどの諸制度を攻撃し、その正統性を切り崩すようになったとされる（カクタニ 二〇一八＝二〇一九：九、一七、一三七）。今回参照した先行研究では言及されていないものの、二〇二一年一月六日の連邦議会議事堂襲撃事件が示すように、このリストに「立法」も加えることは妥当であろう。これらの制度は米国の民主主義を支えるとともに、「客観的」な知や事実に基づいて社会的な「現実」を構築する機能も果たしてきた。このように、ポスト真実の政治は「現実」構築メカニズムの危機が民主主義の危機へと展開する点に注目する。

こうした点から「ポスト真実の政治」論では、ソーシャルメディアの台頭だけでなく、「現実」を構築し、社会的な共有を可能にすることで民主主義を支えてきた主流ニュースメディアの「正統性の危機」が強調されることになる。

今日では、伝統的でジャーナリスティックな価値の守護者は、勝ち目のない状況に置かれている。偏った意見を土台にした、ときに編集されることさえない内容が、ますますポピュラリティを獲得しつつある。彼らは、こうした記事に直面し、自分たちの市場占有率が侵食されていくのを目にしながら、真実の維持に最善を尽くしているときでさえ、バイアスがかかっていると非難される。…（略）…伝統的なメディアとそれに代わるメディアの境界はぼやけてしまい、いまでは多くの人々が、真実を語るには疑わしい価値を信奉する情報源からニュースを得ることを好んでいる。実際近頃では、多くの人々は、どの情報源にバイアスがかかっているかさえ見分けることができない。そしてあらゆるメディアにバイアスがかかっていると信じているなら、バイアスがかかった情報源のなかから好みのものを選んで支持しても大差はない、ということになるだろう（マッキンタイア 二〇一八＝二〇二〇：一一六―一一七）。

したがって、「ポスト真実の政治」論にとって、メディアの「危機」とはフェイクニュースの問題にとどまらない。ポスト真実状況の進展はメディア環境の変化と連動しつつ、「ニュース」というカテゴリーそのものを動揺させる。

ニュースの情報源としてソーシャルメディアが台頭したことで、ニュースと意見の線引きはより一層、曖昧になった。人々は、ブログやオルタナティブなニュースサイトから、そして誰も知らない場所から、あたかもそこにあるものすべてが真実であるかのように、それらの記事をシェアした。…（略）…わたしたちは、自分が聞きたいことを伝える「ニュース」記事を（その正確性が精査されていようとそうでなかろうと）クリックすることができた。そしてそれは、主流メディアから抜粋された、あまり耳触りのよくないであろう、事実にもとづく一部の内容とは対照的なものだった。…（略）…自分の関心のある出来事について、言いたいことが同じくらいたくさんある友人たちから好きなだけ多くの記事を得られるのに、どうして新聞の購読料を払うのだろう？「主要紙」にチャンスはなかった（マッキンタイア 二〇一八＝二〇二〇：一二五。訳一部変更）。

つまり、ポスト真実の政治では、フェイクニュースが活性化するだけでなく、そもそも「ニュースとは何か」という社会的な理解そのものが揺らぎ、あるいは分断されているのである。これはニュースを通じた「現実」の構築と共有という従来社会の中で「自然化」ないし「儀礼化」してきたメカニズムが機能不全を起こしていることを示している。

以上のように、ポスト真実の政治の分析視座は、「現実の構築メカニズムの危機」と「民主主義の危機」をめぐり、その歴史的形成過程と現状とを明らかにするものである。「現実の構築メカニズムの危機」と「民主主義の危機」は、相互に関連しつつもそれぞれ固有の時間軸と力学で展開し、トランプ現象のような言説戦略が可能になる環境を形成してきた[11]。そしてそれぞれの危機をめぐってニュースやニュースメディアが密接に関連しているという点は、これらの対象を扱うメディア研究や政治コミュニケーション研究、そして本書が掲げるニュースの政治社会学がポスト真実の政治の問題に理論的介入を行う出発点となるのである。

3　ポスト真実の政治をめぐるメディア研究

3-1　メディア・レジームの編成とポスト真実の政治

先述の通り、ポスト真実の政治に関するメディア研究や政治コミュニケーション研究はフェイクニュースの分析に比べると本格的な検討の初期段階であるものの、すでに重要な知見も蓄積されつつある。その中でも本章ではまず、ポスト真実の政治を可能にするメディア環境および制度の機能や歴史的編成を分析するアプローチに注目する。これらの研究はポスト真実の政治に関わる「現実の構築メカニズムの危機」について、本書が検討する批判的コミュニケーション論に基づいたニュースの政治社会学の観点からより深くアプローチする際に手がかりとなるからである[12]。

（1）偽情報の秩序

ポスト真実の政治の基盤となるメディア環境や制度を考える際に、ニュースおよび政治コミュニケーションの研究者であるランス・ベネットらが提示した「偽情報の秩序（disinformation order）」という概念が参考になる（Bennett and Livingston 2018）。この研究はポスト真実に言及しつつも、主眼は偽情報の分析視座の検討に置かれている。他方で、個々の偽情報やフェイクニュースの拡散や受容の問題ではなく、それらの条件となるメディアシステムの次元に注目している点に大きな特徴がある。

ベネットらは、近年、欧米の民主主義諸国で伝統的なニュースメディアとは異なる（ブライトバートなどの党派的なニュースメディアやソーシャルメディアによる）オルタナティブなメディアシステムが構築されたと指摘する（Bennett and Livingston 2018: 132）。すなわち、トランプ現象は、そうしたオルタナティブなメディアシステムで展開されるコミュニケーション戦略が民主主義的価値および公共的なコミュニケーション過程の基盤を切り崩し、「イリベラル」な統治様式を確立するようになった結果、生じたと理解されるのである（Bennett and Livingston 2018: 135）。

とくにポスト真実の政治との関係では、このオルタナティブなメディアシステムこそがまさに「オルタナティブ・ファクト」という「もう一つの現実」を構築する基盤となる点が注目される。このメディア生態系の住民たちにとっては、主流ニュースメディアによる「ファクトチェック」はむしろ自らの信念をさらに強化させる結果となる（Bennett and Livingston 2018: 124）。なぜならば、ファクトチェックそのものが自分たちと敵対するメディアによる偏向に満ちた言説戦略とみなされるからである。このように、対抗的なメディアシステムの存在が公共圏を分断し、民主主義を支えてきた諸制度をますます弱体化させることになるのである（Bennett and Livingston 2018: 134）。

この「偽情報の秩序」は、近年の政治コミュニケーション研究の分析概念である「ハイブリッド・メディアシステム」との関係でも示唆に富む。第一章でも論じたように、ハイブリッド・メディアシステムは伝統的なメディアとソーシャルメディア、そして多様な政治的アクター、メディア組織、公衆との複雑な相互関係を記述・説明する概念である（Chadwick 2017）。「偽情報の秩序」は、このハイブリッド・メディアシステムそれ自体の分断や対立を示すものであり、その中で政治的アクター、メディア組織、公衆がどのようなメディア実践を行っているのか、それがいかなる政治的帰結をもたらすのかを分析する手がかりとなる。

（2）メディア・レジーム

その一方で、日本におけるポスト真実の政治の分析視座の構想という点では、伝統的なメディアシステムとオルタナティブなメディアシステムの対立という構図には一定の留保が必要となる。欧米の一部の国々に比べ、オルタナティブなメディアシステムが社会を二分するほどに発展していないことがその理由として挙げられる[13]。日本社会でのポスト真実の政治をめぐる分析視座を検討する場合に最初に問われるべきは、ハイブリッド・メディアシステムにおいてニュースの生産過程がどのように変容し、それがいかにして「現実の構築メカニズムの危機」と関連するのか、という点である。

この点について手がかりとなるのが、「メディア・レジーム」をめぐる議論である。メディア・レジームとは、「歴史的に固有の比較的安定した制度、規範、過程、アクターの組み合わせであり、メディアの生産者と消費者の期待や実践を形成するもの」を指す（Williams and Delli Carpini 2011: 16）。このアプローチでは、政治的、経済的、文化的、技術的変化が特定のメディア・レジームを編成し、それが政治的実践にどのような影響を与えるのかが問われる（Delli Carpini 2018: 18）。重要な点は、メディア・レジームがポスト真実の政治やトランプ現象の説明概念として用いられていることである。この概念の提唱者の一人であるデリ＝カルピニによると、二〇世紀初期から半ばにかけて確立したメディア・レジームが近年、大きく変容することによってトランプ現象のようなメディア政治が活性化したとされる。

ここでのメディア・レジームの変化は次の四つの位相における区分の解体として説明される（Delli Carpini 2018: 18-19）。すなわち、①「ニュース」と「娯楽」の区分、②「マス・コミュニケーション」と「パーソナル・コミュニケーション」の区分、③情報の「生産者」と「消費者」の区分、そして④「事実」と「意見、信念」の区分である。トランプ現象における政治コミュニケーションは上記の四つのいずれとも関わるが、とくに④が重要となる。つまり、「事実」と「意見、信念」との区分の消失こそが、ポスト真実の政治を促進する政治コミュニケーションを活性化させているのである。

さらにデリ＝カルピニは、メディア・レジームの変容が政治的現実の構築過程に影響を与えたと論じる。その特徴は「多軸性」と「ハイパーリアル」として説明される。「多軸性」とは、「プロフェッショナルなジャーナリストによるゲートキーパーの役割と、それを通じた公的アジェンダの制御が後退し、流動的かつ周辺的で力を持たなかった諸アクターがそうした役割を担うようになる」現実構築のあり方であり、「ハイパーリアル」とは、「メディアによる現実の表象が、それらが表象する事実以上に個人的、集合的な政治的議論・意見・信念・行動にとってますます重要になる状況」である(Delli Carpini 2018: 19)。つまり、メディア・レジームの変容を通じて顕在化したこれら二つの現実構築のメカニズムが連動することでポスト真実の政治が活性化し、主流ニュースメディアによる現実構築の正統性の危機と「オルタナティブ・ファクト」の影響力の増大が進展していると理解されるのである。

以上のように、メディアの「秩序」「システム」そして「レジーム」の編成とその機能からポスト真実の政治を分析するアプローチは、批判的コミュニケーション論に基づくニュースの政治社会学にとって示唆に富む。とくにメディア・レジームという分析概念は、本書が検討する「ニュースをめぐるメディア実践の政治」におけるレジーム概念と部分的に重なり合う点で注目される。ただし、メディア・レジーム概念はラディカル・デモクラシーの言説理論を参照したものではない。したがって、実践とレジームとの相互関係や政治的意味作用については詳細に検討されていない。とはいえ、メディア・レジームの歴史的編成過程と変容、そして危機を分析するこの研究は、本書のアプローチからポスト真実の政治を分析する視座を構想するうえで重要な手がかりを提供するものであると言える。

3-2　ポスト真実状況におけるメディアと民主主義の危機

次に、メディア研究や政治コミュニケーション研究がポスト真実の政治に関わる「民主主義の危機」についてどのようにアプローチしているのかを検討する。

（1）民主主義の認識論的危機

例えば公共圏(14)の観点からメディアと政治コミュニケーションについて論じてきたピーター・ダールグレンは、政治的な認識や理解、そして参加にとって必要な「知」の形式がデジタル化によって大きく変容したと指摘する（Dahlgren 2018: 21）。それはメディアを通じた政治参加にさまざまなメリットをもたらしてきた一方で、近年はその「過剰」が問題となり、民主主義に対する不信を活性化させていると指摘する。

情報の過多とその速度によって、あるいは新しい形式の知とその取得方法によって特徴づけられるメディア環境で、〔民主主義にとって適切な〕知を習得することの困難性は信頼をめぐる問題をもたらす。そしてそれは民主主義の歴史の中で新たなディレンマを生み出す。すなわち、不信がこれまでにないほど深まるだけでなく、「真実」を確立し、正統化する基盤そのものが不安定化するのである（Dahlgren 2018: 23-24）。

我々は不信の政治文化の登場に直面している。そしてそれが社会的現実に関して共有されてきた諸前提、そして知を正統化する経路を掘り崩すことになる（Dahlgren 2018: 26）。

このようにダールグレンはポスト真実の政治をデジタル化がもたらした「民主主義の認識論的危機」であると論じる（Dahlgren 2018: 20, 23-24）。それはメディアシステムと民主主義システムによって支えられた公共圏の成立を困難にする。この議論は、公共圏をめぐるメディア政治の従来の議論の視座転換を示唆している点で注目される。というのも、これまでは主流メディアが構築する単一の公共圏が持つ排除の構造を批判する中で、インターネットやオルタナティブメディアによる公共圏の複数化・多様化が肯定的に評価されてきたからである（Karppinen 2008; 山腰 二〇一二参照）。すなわち、ポスト真実の政治と「民主主義の危機」との関係性を分析するうえで、デジタル化を通じたメディア実践の多様化と、それがメディアや民主主義の秩序に対して与えるパラドキシカルな影響を批判的に捉える視座が求められるのである。

（2）ポストデモクラシーの中のメディア

さらに、一部のメディア研究ではデジタル化以降のメディア環境の変化にとどまらず、より中・長期的な民主主義の変容とポスト真実の政治との関係に注目している。こうした議論は、ポスト真実の政治をめぐるメディア研究や政治コミュニケーション研究では周辺的な位置づけしか与えられていないものの、主流のアプローチが十分に捉えてこなかった重要な視点を提供している。

一連の研究では、「ポストデモクラシー」という民主主義の危機の反映、ないしはそれに対する応答の一つとしてポスト真実の政治を理解する点に特徴がある（Harsin 2015; Farkas and Schcu 2020）。例えばトランプ現象以前に「ポスト真実」という概念を提示したジェイソン・ハーシンは、アテンション・エコノミーやアルゴリズム、ビッグデータといった新たなメディア技術によって成立する「ポスト真実のレジーム」が、ポストデモクラシー状況を推進する政治戦略から生じると論じている（Harsin 2015: 331）。また、ヨハン・ファルカシュとヤニック・ショウは先行研究を整理しつつ、ポスト真実の政治が生じる要因を分析するためにはジャーナリズムやメディア技術に関する現在可視化している現象よりも、ポストデモクラシーなどの民主主義の構造的矛盾に目を向けるべきだと指摘している（Farkas and Schou 2020: ch.3, ch.6 参照）。

「ポストデモクラシー」とは、西側諸国における民主主義的な政治参加を支えてきた諸制度が形骸化する状況を説明する概念である（クラウチ 二〇〇四＝二〇〇七）。すなわち、投票率の低下、労働組合の衰退、議会における討論の軽視、ビジネスエリートや一部の専門家による政策決定への関与の増大によって政治的な無関心、不信や無力感が広がることを指す（クラウチ 二〇〇四＝二〇〇七：一一、三八参照）。そしてニュースメディアも民主主義的な政治参加を支えてきた制度の一つとみなされ、この点においてメディアや政治コミュニケーションをめぐる諸問題がポストデモクラシーという民主主義の危機との関係で論じられるのである（クラウチ 二〇〇四＝二〇〇七：二九－四六）。

ポストデモクラシー論の特徴は、第一にこうした傾向が一九七〇年代・八〇年代の「新自由主義的改革」によって進展してきたと論じる点である。

これらすべてのことは、資本主義的民主主義国家における投票率の低下が選挙民の満足ではなく諦念の表明であることを物語っている。特に新自由主義的転換の敗北者たちは、政権与党の交替から何を期待したらいいのか、もはや分からなくなっている。「グローバル化」のＴＩＮＡ政策（There Is No Alternative「他に選択肢はない」）はもうずっと以前から社会の底辺に到達し、特に、政治の変化に一縷の望みをかけるほかないはずの人々の目に、選挙が何の変化ももたらさないものと映っている。彼らが選挙に賭ける希望が少なくなればなるほど、自分の希望を市場に賭ける余裕のある人々が政治的介入に妨害される恐れは少なくなっていく。底辺層の政治的諦念が、資本主義を民主主義的介入から守り、諦念の源である新自由主義的転換をますます安定化させている（シュトレーク 二〇一三＝二〇一六：九六）。

つまり、新自由主義的改革は、公的セクターの民営化によって一般の人々の民主主義的な政治文化を育成する領域を狭め、さらに市場原理主義を推し進めることでそうした領域に利害関係を持つ「市場の声」を重視した。その結果、民主主義的な政治文化の衰退をもたらしたと理解されるのである。

第二に、このアプローチの特徴は、ポストデモクラシーが、民主主義が本来持つ対立や抗争の次元を覆い隠す「コンセンサス」として機能することを強調する。

この〔＝ポストデモクラシーという〕語がわれわれの役に立つのは、さまざまなかたちの民主主義的な行動を抹消するコンセンサスの実践を、民主主義の名で主張するというパラドクスを示すためだけである。ポストデモクラシーとは、…（略）…民衆による係争が一掃された民主主義による統治の実践であり、概念的正統化である（ランシエール　一九九五＝二〇〇五：一七〇。訳一部変更）。

ポストデモクラシーは、民衆を不在にするために、経済的必要性と法的規制の締めつけのなかで、政治を不在にしなければならず、そのためには、各人と全員の、力と無力とが等しくなるような新しい市民権の定義のなかで、経済的必要性と法的規制を結びつけることをいとわない（ランシエール　一九九五＝二〇〇五：一八三。訳一部変更）。

ポスト真実は、こうしたポストデモクラシーが構築してきたアパシー、シニシズム、ニヒリズムの反映と捉えることができる。そして同時に、それら民主主義の秩序が抱える矛盾に対して反エリート主義や反グローバリズム、ポピュリズムといった形で対応したもの、と理解しうるのである。

このように、ポストデモクラシーの議論は、主に政治理論や政治社会学の論者によって展開されてきた。そこではメディアやニュースをめぐる問題は中心的なテーマとはならず、独自の分析も行われていない。それに対して、ハーシンやファルカシュらはメディア研究の立場から、ポスト真実の政治をめぐるメディアの諸問題がポストデモクラシーという中・長期的な民主主義の危機から派生していると論じた点で示唆に富む。ポスト真実の政治にニュースの政治社会学がアプローチする際に、フェイクニュースやインターネットの技術的要因だけではなく、現代民主主義の矛盾や構造的要因にも注目する視座を提供するからである。これは後に論じるように、ポスト真実の政治に関するメディア研究の多くが十分に目を向けてこなかった側面である。とくに、ファルカシュとショウの研究はラディカル・デモクラシーの言説理論に依拠している点で、本書のアプローチと部分的に重なり合う。ただし、ファルカシュらの議論は、本書が強調してきた実践とレジームとの相互作用の視点を欠いている。とはいえ、一連の研究はニュースの批判的研究が民主主義の危機とポスト真実の政治との関係性を分析するための手がかりを提供していると評価することが可能である。

4 ポスト真実の政治の批判的研究のために

4-1 ポスト真実の政治をめぐるメディア実践

本章は、ポスト真実の政治について批判的コミュニケーション論に基づくニュースの政治社会学がどのようにアプローチしうるのかを検討するために、メディア研究や政治コミュニケーション研究における議論を参照してきた。以下では本書のアプローチである「ニュースをめぐるメディア実践の政治」が、批判的コミュニケーション論の観点から先行研究の分析をより深く根源的なレベルで体系化しうると論じることにしたい。

これまで確認してきたように、メディア研究や政治コミュニケーション研究の中にはポスト真実の政治を「現実の構築メカニズムの危機」および「民主主義の危機」の視座からアプローチする研究が存在する。これらの研究では、偽情報の秩序やメディア・レジーム、公共圏、ポストデモクラシーといったメディアと民主主義の秩序やレジームのレベルの危機が分析されていた。第二章で論じたように、ラディカル・デモクラシーの言説理論は、こうした秩序やレジームの構築・維持・変容を分析するための方法論であり、この言説理論に依拠する「ニュースをめぐるメディア実践の政治」もまた、これらを分析対象とすることができる。さらに、「ニュースをめぐるメディア実践の政治」は国民国家規模の社会秩序とニュースメディアのシステムという二つのレジームの位相を想定している。したがって、「現実の構築メカニズムの危機」をメディアシステムのレジーム、そして「民主主義の危機」を社会秩序のレジームに関わる危機として捉え、両者の関係を体系的に分析することが可能である。

また、「ニュースをめぐるメディア実践の政治」は、レジームと実践との相互作用に注目するアプローチである。先行研究は秩序やレジームの歴史的編成や変容に注目しつつも、そうした秩序やレジームの構築・維持・変容にメディア実践がどのように関わるのかを明らかにする分析枠組みを発展させてこなかった。それに対して「ニュースをめぐるメディア実践の政治」は、「政治的なもの」が活性化する中で特定のメディア実践が既存のレジームを流動化させる機能を果たす点に注目する。ポスト真実の政治の分析においては、こうしたメディア実践としてフェイクニュースの生産や拡散だけでなく、ポピュリストのソーシャルメディアを介した情報発信、さまざまなアクターによるニュースメディア批判、あるいは情報の真／偽に関する定義づけなど幅広い行為が含まれることになる。そしてこのアプローチでは、例えばフェイクニュースをめぐるメディア実践が、ニュースメディアや民主主義のレジームを流動化・弱体化させる場合、あるいはフェイクニュースの生産や拡散がそうした機能を果たさず、別のメディア実践がそれらのレジームを揺るがす場合など、ヘゲモニーの政治的意味作用をめぐる複雑な過程を明らかにしうる。したがって、ニュースメディアおよび民主主義のレジームとメディア実践との相互作用に注目する「ニュースをめぐるメディア実践の政治」は、ポスト真実の政治に起因する「現実の構築メカニズムの危機」や「民主主義の危機」を「政治的なもの」の観点から、より動態的な過程として分析する枠組みを提供するのである。

4-2　ポスト真実の政治をめぐる危機診断と「解放の論理」の構想

さらに、批判的コミュニケーション論に基づいた「ニュースをめぐるメディア実践の政治」のアプローチは、この危機が何によってもたらされたのか、そしてそれを踏まえていかなる「解放の論理」を構想しうるのかについて、先行研究よりも深い次元から論じることを可能にする。

これまでも論じてきたように、ポスト真実の政治をめぐる議論では、「現実の構築メカニズムの危機」と「民主主義の危機」という二つの危機の進展が分析されており、したがって、これらの危機の克服が目指されることになる。実際に、一連の議論では①事実や真実を生み出す諸制度の正統性の回復、そして②それを通じた民主主義の回復が主張される（カクタニ 二〇一八＝二〇一九：一四〇-一四一参照）。ポスト真実をめぐるメディア研究や政治コミュニケーション研究でも、まさに同じ視座から、メディアを含めた民主主義的かつ公的な諸制度の「修復」を通じて「コミュニケーションの歪み」を是正し、「エビデンス、理性、市民社会の規範を回復させる」ことが解決策として提示されている（Bennett and Livingston 2021: 33-35）。

しかし、ポスト真実の政治の解決策をめぐる一連の議論は理論的な困難性を伴っている。それは

「真実は民主主義の基盤であり、それゆえに民主主義を取り戻すには真実を取り戻す必要がある」という主張の前提それ自体にある（カクタニ 二〇一八＝二〇一九：一三参照）。第一に、この主張は現状を「誤った」状態として批判する一方で、「正しい＝十全な」民主主義や真実を想定している。問題は、それにもかかわらず、「真実」や「民主主義」とは何かが明確に語られない点である。つまり、一連の主張において、「真実（真理）」や「民主主義」の自明性、そして無謬性が暗黙の裡に想定されているのである（Farkas and Schou 2020: 155）。

第二の問題は、「真実を取り戻す」という主張である（Farkas and Schou 2020: 91）。この主張は、「現在」と「過去」を二項対立図式として捉え、過去の「民主主義」や「真実」の状況の「正しさ」を想定する（Farkas and Schou 2020: 111, 154）。現状の批判のために過去を正当化する一連の主張は、ポスト真実の政治とポストデモクラシーとを関連づけて論じる一部のメディア研究者たちが批判するように、ポスト真実の政治がそもそも民主主義の危機への応答の一つとして生まれてきた側面を見落としている（Farkas and Schou 2020: 156, 157）。つまり、ポスト真実の政治をめぐる主流の議論は、これまでの「真実」をめぐる現実の構築メカニズム、あるいは民主主義が抱えていた矛盾や機能不全に対して適切に目を向けることができていない、という大きな問題を抱えているのである。この点に向き合うことなく単純に「過去」に回帰することは、たとえそれが「修復」に成功したとしても、ポストデモクラシーが抱えていた問題の根本的な解決にはつながらない。むしろ、ポストデモクラシーの問題をより深刻化させる可能性すらあると言える（Farkas and Schou 2020: 112, 130）。

それに対してラディカル・デモクラシーの言説理論に基づく「ニュースをめぐるメディア実践の政

治」は「正しい民主主義を取り戻す」、「真実を取り戻す」、あるいは「歪みのないコミュニケーションを取り戻す」といった「解放の論理」を採用しない。ラディカル・デモクラシーの言説理論は「ポスト基礎づけ主義」の立場からそうしたアプローチを批判する（Glynos and Howarth 2007; Marchart 2007; Farkas and Schou 2020: 16-18）。ポスト基礎づけ主義は、言説編成における意味の最終的な決定の不可能性を強調する。しかし他方で、言説を構成する意味は決して多様化、流動化し続けるわけではなく、ヘゲモニー政治を通じて一時的・部分的に固定化されるとみなす。いわば、「普遍的なもの」の究極的な達成不可能性にもかかわらず、「普遍的なもの」を構築しようとする力学として民主主義政治を捉える考え方である。この考えに基づいて、「真実」や「民主主義」という概念は特定の政治的・社会的・歴史的文脈の中で一時的に、しかし秩序にとって必要不可欠なものとして構築されたものであり、唯一の「正しい」状況は存在せず常に変化に対して開かれていると理解される。

このようにラディカル・デモクラシーの言説理論は、歴史的展開を通じて確立されたメディア・レジームや現実構築のメカニズム、あるいは「真実」や「民主主義」のあり方そのものがヘゲモニー政治の帰結と捉える視点を提供する。ヘゲモニーを獲得したこれらの要素は、「論争に対して合意、情動に対して真実、抗争に対して安定」に特権的な価値づけをするようになる（Farkas and Schou 2020: 155）。そして自らの矛盾を隠蔽し、対抗的な声を抑圧、排除する機能を果たしてきた。その結果、民主主義は新自由主義に基づき異論を排するポストデモクラシーへと変質してきたのであり、トランプ現象に代表されるポスト真実の政治はそうした状況に対する異議申し立ての側面も持っていたのである。つまり、ポスト真実の政治を批判し、「真実」を取り戻す試みは、結局、民主主義における「論争」「情動」「抗争」の次元を覆い隠そうとするポストデモクラシーのヘゲモニーに対して根本的な解決にはならず、その政治秩序は再びトランプ現象のようなポピュリズムによって挑戦を受け続けることになる。

したがって、「ニュースをめぐるメディア実践の政治」のアプローチからのポスト真実の政治の分析は、既存のニュースメディアや民主主義のレジームそのものに対する批判的視座も併せ持つ。そしてポスト真実の政治をめぐるメディア実践――フェイクニュースの生産や拡散、ポピュリストのソーシャルメディアを介した発信、人々の主流ニュースメディア批判など――は、既存のレジームに異議申し立てを行い、「政治的なもの」を活性化させるものとして捉えられる。言うまでもなく、この視座は既存のレジームを「誤ったもの」、トランプ現象のような対抗的なメディア実践を「正しいもの」とみなす二項対立図式ではない。既存のレジームが抱える矛盾や抑圧してきたものを、そうした対抗的なメディア実践が生じた要因として特定するための視座である。「ニュースをめぐるメディア実践の政治」では、既存のレジームの抱える矛盾や抑圧を解決する方法を「政治的なもの」を手がかりに模索することがポスト真実の政治をめぐる「解放の論理」の構想へと結びつくのである。

4-3 日本におけるポスト真実の政治の分析課題

本章は、批判的コミュニケーション論に基づくニュースの政治社会学がポスト真実の政治を分析するアプローチについて検討してきた。そしてそれは、「ニュースをめぐるメディア実践の政治」の視座から「現実の構築メカニズム」と「民主主義」という二つの危機を分析するものであることを確認した。さらに、ポスト真実の政治の分析が民主主義やメディアシステムの矛盾や機能不全、そしてその帰結としてのポストデモクラシーの分析を伴うことが明らかになった。つまり、ポスト真実の政治は単なるフェイクニュースや偽情報、あるいはポピュリズムの分析にとどまらず、民主主義とそれを支えてきたメディア制度や実践についての批判的分析にまで広がりを持つものであり、そこからオルタナティブな民主主義的コミュニケーション、メディア実践、メディア・レジームを構想する契機であるがゆえに、批判的コミュニケーション論に基づくニュースの政治社会学にとって重要なのである。

最後にこれらの点に基づいて日本におけるポスト真実の政治を分析するための手がかりを検討したい。確かに日本では欧米の事例に比べると、フェイクニュースがもたらす影響は大きいとは言えない。また、メディア生態系が偽情報の秩序によって分断されているわけでもない。しかし、「現実の構築メカニズムの危機」や「民主主義の危機」が日本固有の形でどのように展開し、それらがどのように相互に関連しているのかを戦後民主主義とメディアの関係性の歴史的展開を踏まえつつ分析・検証することは可能であり、かつ重要な作業でもある。

例えば先行研究でも言及されていた公文書の改竄問題は、「現実」の構築を不可能にするという点でポスト真実の政治に関わる言説実践である。そして周知の通り、日本で展開されるこうした言説実践は、日常的な政治コミュニケーションの手法や戦略にも及んだ。安倍政権や菅義偉政権では、国会審議における説明拒否や同じ答弁の繰り返しが問題化し、新型コロナウイルス（COVID-19）のパンデミックの中で記者会見が開かれない状況や記者会見の機能不全が問題視された。[15] いわばそれらは、事実を説明することや、対話を通じた事実確認、あるいは事実をめぐる合意といった「現実」構築のメカニズムの機能不全である。それと同時に、民主主義を成り立たせてきた対話や説明、批判、すなわち民主主義的コミュニケーション文化の危機とも言える。つまり、日本ではポスト真実の政治はこのようなコミュニケーションの危機として進展してきたのである。そしてこれまでも参照してきたラディカル・デモクラシーの言説理論を通じて、一連の言説実践が民主主義のレジームとどのように関連するのかという視点からこの民主主義的コミュニケーション文化の危機の分析が可能である。

ただし、本章の目的はポスト真実の政治を「ニュースをめぐるメディア実践の政治」から分析することであり、先に挙げた政治コミュニケーションはそうしたメディア実践とは完全には一致しない。そして何より安倍政権や菅政権の退陣によって、この民主主義的コミュニケーション文化の危機は潜在化したようにも見える。しかし、世論のレベルでこうした危機が深刻なものとして捉えられていない状況に注目するならば、これはポスト真実の政治をめぐるメディア実践の問題であることが了解される。なぜならば、多数の人々にとって公文書の改竄にせよ、国会審議や記者会見にせよ、これらの政治的出来事はニュースを通じて経験されるからである。

したがってポスト真実の政治とメディア実践をめぐる政治とを結びつけるのは、公文書改竄や統計不正をめぐる調査報道に対する無関心、そして記者会見の機能不全への諦念やシニシズムである。すなわちそれらは、隠された「事実」を暴き出し、為政者に「説明」を求めるための「批判」というジャーナリズムのメディア実践の意義がもはや社会の中で広く認められていないことを意味している。それはまさにジャーナリズム活動を通じた「現実」の構築や共有の正統性が揺らいでいる状況を示しており、これも民主主義的コミュニケーション文化の危機の一側面を構成する。そしてそれは首相の交代によって解決するものではなく、むしろポストデモクラシーという構造的な問題と関わっている。

こうした民主主義的コミュニケーション文化の危機が、ニュースをめぐるメディア実践やニュースメディアのレジームとどのように関連しているのか、あるいは戦後民主主義のヘゲモニーとどのように関連しているのかを問うことが、批判的コミュニケーション論に基づくニュースの政治社会学から日本におけるポストデモクラシーの政治を分析するうえで重要な課題となるのである。

[注]

(1) https://languages.oup.com/word-of-the-year/2016（二〇二二年三月二四日最終アクセス）

(2) 先駆的には二〇一七年に『談』誌上で「〈ポスト真実〉時代のメディア・知性・歴史」という特集が組まれ、メディアやジャーナリズム研究者のインタビューを掲載している。とはいえ、その後、この領域で本格的な理論や事例の分析が進展したとは言い難い。むしろ、ポスト真実は「フェイクニュース」研究の前段として語られる傾向がある（例えば清原 二〇一九）。一方、遠藤薫は「間メディア社会」という概念からポスト真実を「公共圏の危機」として論じている（遠藤 二〇一八）。ただしこの場合もポスト真実それ自体の体系的な分析を行っているわけではない。

(3) 「オルタナティブ・ファクト」は、大統領顧問だったケリーアン・コンウェイがＮＢＣの「ミート・ザ・プレス」という番組で発言した言葉である。犯罪統計をめぐる事例は、二〇一六年の共和党大会時の共和党の重鎮ニュート・ギングリッチとＣＮＮのキャスターとの論争を指す。これは米国で犯罪が増加しているというトランプの主張について実際の犯罪統計を持ち出しつつ反論したＣＮＮキャスターに対して、ギングリッチが「リベラルな人たちは、理論的には正しいとされる統計を用いるが、それは現実の人間の存在する世界の話ではない」と切り返した、というものである（マッキンタイア 二〇一八＝二〇二〇：一八－一九）。

(4) なお、ポスト真実の政治の議論では、アーレントの『全体主義の起源』における次の記述もしばしば参照される。

「全体主義的統治の理想的な被統治者は…（略）…事実と仮構との区別（つまり経験の現実性）をも真と偽の区別（つまり思考の基準）をももはや見失ってしまった人々なのだ」（アーレント 一九六八＝一九七四：二一八）。

（5） なお、欧州でもロシアからの偽情報が問題となり、ＥＵは偽情報の検証サイトを設置している（https://euvsdisinfo.eu/ 二〇二二年三月二四日最終アクセス）。また、本書執筆中の二〇二二年三月現在、ロシアによるウクライナ侵攻で世界はロシアからの偽情報をめぐる問題に改めて注目することとなった。

（6） フィルターバブルとは、インターネット上の情報空間がアルゴリズムによって個人向けに調整される結果、自らの関心や価値観と異なる情報に接触する機会が失われる状況を指す（パリサー 二〇一一＝二〇一六参照）。

（7） バックファイア効果は「自分の世界観に合わない情報に出会ったとき、…（略）…それを無視するだけでなく、自分の世界観にさらに固執するようになる現象」を指し、ダニング＝クルーガー効果は、「能力に乏しい人物がしばしば自分自身の能力不足を認識できないことに関する認知バイアス」を意味する（笹原 二〇一八：五五、マッキンタイア 二〇一八＝二〇二〇：七五―七六）。

（8） エコーチェンバーとは、ソーシャルメディア上で自身の関心、考え方、価値観と似たユーザー同士のコミュニティが形成される結果、情報空間が画一的かつ閉鎖的なものになる状況を指す概念である（サンスティーン 二〇〇一＝二〇〇三参照、笹原 二〇一八：八二―八四）。こうした状況は、インターネット上の言論空間の分断だけでなく、フェイクニュースが拡散しやすい条件を形成することになる（サンスティーン 二〇一七＝二〇一八：一八）。

（9） とはいえ、『真実の終わり』も『ポスト・トゥルース』もとくにポストモダニズムに対しては必ずしも肯定的に評価していない点に留意すべきである。とくにマッキンタイアはポストモダニズムこそがポスト真実のルーツの一つであると批判している（マッキンタイア 二〇一八＝二〇二〇：一九四）。

（10） 産業界の事例としてしばしば言及されるのは、米国のたばこ業界による喫煙と癌との関係性を指摘する科学的知見に対抗する言説戦略、そして気候変動をめぐって化石燃料産業によって採用された言説戦略である。

（11） 例えばトランプ大統領の政治コミュニケーション戦略は次のように説明される（マッキンタイア 二〇一八＝二〇二〇：一四九―一五〇）。「①たとえば、オバマは合衆国生まれではないとか、オバマはトランプを盗聴していたといったような、なにかとんでもない事柄について疑問を表明する（「みんな言っている」、「新聞で読んだことを繰り返しているだけだ」）。②自身の確信以外のエビデンスを提供しない（そんなものは存在しないのだから）。③報道機関はバイアスがかかっているので信頼できないと言う。④それによって人々は、報道機関から聞いていることが正確かどうか疑うようになる（あるいは少なくとも、問題には「論争の余地がある」と結論する）。⑤そうした不確かさに直面して、人々はイデオロギーをいっそう頑なに守り、自分が前もって抱いていた考えに適うものだけを信じることを選択し、確証バイアスに身を委ねる。⑥これがフェイクニュースの増殖する絶好の環境であり、この環境は①から⑤の項目をさらに強化していく。⑦こうして人々は、あなたが言ったということだけを理由にして、あなたが言うことを信じるようになる。信念は同族間で共有される。もし仲間とみなされる誰かがあることを言っていて、信用に足る反証によって異議が唱えられていなければ（ときとして、異議が唱えられているときでさえ）、人々がそのことを信じるのに時間はかからない」。

(12) これらのアプローチ以外にも、例えば「メディア不信」の研究のようなメディアをはじめとする民主主義諸制度の信頼性の低下に注目するアプローチもポスト真実の政治をめぐる議論と密接に関わる（林 二〇一七）。

(13) とはいえ、二〇二〇年の米国大統領選挙における「不正選挙」の陰謀論が日本社会の一部に浸透したことには留意する必要がある。

(14) よく知られるように、公共圏はユルゲン・ハーバーマスの政治理論に由来する概念である（ハーバーマス 一九九〇＝一九九四）。公共圏は一般的に「人々が共に関心を抱く事柄について意見を交換し、政治的意思を形成する言論空間」を意味する（『政治学事典』弘文堂）。

(15) 例えば『毎日新聞』によると、国会期間中の政府による説明拒否は二〇一三年の一六四回から二〇一九年の四〇〇回以上へと増加している（毎日新聞「桜を見る会」取材班 二〇二〇：二二）。二〇二〇年の新型コロナウイルス（COVID-19）のパンデミック下での安倍政権の記者会見は初回（二月二九日）が三六分で終了し、その後も記者会見の開催回数が少なかったことが問題点として指摘されている（アジア・パシフィック・イニシアティブ 二〇二〇：三五二）。なお、安倍政権を継承した菅政権下でも同様の傾向が続き、二〇二〇年の第二〇三回国会では「お答えを差し控える」という答弁が繰り返された（『朝日新聞』二〇二〇年一一月一〇日）。

第六章　現代日本におけるニュース文化のレジームとその「危機」

1　ジャーナリズムの「危機」

本章では、これまで論じてきたアプローチや分析概念を用いて現代日本におけるジャーナリズムの「危機」を分析することを目的とする。

今日、ジャーナリズムをめぐる「危機」がさまざまな立場から論じられるようになった。例えばジャーナリズムおよびニュース研究の代表的な学術誌である*Journalism*誌は、創刊二〇年にあたる二〇一九年に「今日のジャーナリズムが直面する難問」という特集号を編纂し、このテーマを大々的に展開している（例えばCurran 2019）。

とはいえ、それがいかなる危機なのか、という点については必ずしも明確ではない。その要因は、第一に現在進行している危機が、政治的・経済的・技術的・文化的諸要素が相互に関連する複合的な性格を持つものである点、そして第二に危機の主要因や進展の程度が各国で異なっている点である。

前章でも論じたように、ジャーナリズムや政治コミュニケーションの現代的危機をめぐる議論や分析はトランプ現象を契機として本格化した。したがって、そこでは米国の状況を念頭にポピュリズムとフェイクニュース、あるいはポスト真実の政治がテクノロジーとの関係から論じられる傾向が強い（カクタニ 二〇一八＝二〇一九、Corner 2017; Fuchs 2018; Boczkowski and Papacharissi (eds.) 2018）。それに対して、米国のようには社会の分断が進行せず、また、「偽情報の秩序」とも呼ぶべきオルタナティブなメディアシステムが確立していない日本では、一連の議論がそのままの形で適用されるわけではない。

その一方で、日本における議論では、伝統的ニュースメディアの経営悪化やスキャンダル、社会で進むメディア不信といった個別の側面や事例に注目する形でジャーナリズムの危機が語られる傾向がある（例えば林 二〇一七）。それに対して本章では、日本社会における危機の複合的特徴やその構成要素に注目し、それが日常の中で徐々に進行するという性質のものである点を明らかにする。

本章では引き続き「ニュースをめぐるメディア実践の政治」に基づく方法論や分析概念からアプローチする。それを通じて明らかになるのは、「ニュース文化のレジーム」と呼ばれるヘゲモニーの編成形態と、それがどのように流動化、弱体化しているのか、という側面である。それを通じて日本社会におけるジャーナリズムの危機の諸相と、ニュース文化の再生の可能性を論じることにしたい。

2　ニュース文化のレジーム

2－1　ニュース文化概念の再検討

ニュースやジャーナリズムをめぐる複合的な危機の分析の手がかりは、それが「ニュース」や「ジャーナリズム」という概念そのものの変化と関わっているという点である。この視点は、従来自明のものと考えられてきたニュースやジャーナリズムの概念が流動化し、あるいは問い直されている状況が、今日的な危機を形作っている側面に注目する。

例えばデジタル化に伴うメディア環境の変化は、根源的な次元においてジャーナリズムやニュースという概念の「脱構築」をもたらしたという指摘がある（Ahva and Steensen 2017: 27）。誰もが情報を不特定多数に向けて発信可能となり、また、インターネット上での情報の共有、拡散、再編集が活性化する環境が形成される中で、「ジャーナリズム」や「ニュース」が何を意味するのかという社会的合意が流動化しつつある。つまり、それがメディア環境の変化によって加速している点にジャーナリズムの現代的危機の一側面を見出すことができる。前述の *Journalism* 誌の特集に収録されている複数の論文でジャーナリズムに関する「認識」「価値」あるいは「存在論」が問われるようになったと論じている点もまた、こうした流動化の傾向に対するジャーナリズム研究における関心の高まりを示している（Anderson 2019; Ryfe 2019; Steensen 2019）。

一連の議論に共通する前提が、「ニュース」や「ジャーナリズム」を特定の形で意味構築されたものとみなす考え方である。それは、ニュースやジャーナリズムをめぐる特定の認識がジャーナリストの間で、さらにはより広範な社会で共有されることでジャーナリズムの制度や実践が成立している、という理解と結びつく。この考え方に基づくと、ジャーナリズムの現代的危機とは、これまで制度化されていたニュースやジャーナリズムをめぐる共通認識およびそれに基づくメディア実践の正統性をめぐる危機であるとみなされる。

こうした視座からジャーナリズムの現代的危機を捉える際に手がかりとなる概念が「ニュース文化」である。ニュース文化とは「解釈共同体としてのジャーナリズムのエートスを形成する、共有された規範、価値、信念、期待、慣習、戦略、象徴体系、儀礼」を意味する（Zelizer and Allan 2010: 86; Allan 2010 参照）。なお、解釈共同体は、「主要な公的出来事や争点に関する言説および集合的解釈の共有を通じて、ジャーナリストの間で生み出される共通性を意味する用語」を指す（Zelizer and Allan 2010: 59）。つまり、ニュース生産をめぐる日常的なメディア実践を通じて、ジャーナリストとしての専門文化やアイデンティティだけでなく、ニュースやジャーナリズムそのものに関する認識枠組みが共有されていることを説明する概念である。とはいえ、従来の理解ではニュース文化を共有する主体が専門家としてのジャーナリストにのみ限定されてきた。こうした狭義のニュース文化の捉え方では今日の状況を十分に説明できない。

そこで以下ではジャーナリズムの危機の今日的形態を分析するうえで、本書でこれまで採用してきた知見やアプローチによってニュース文化概念を操作化し、発展させる。第一は、このニュース文化をヘゲモニー政治の結果構築され、あるいは変化する「レジーム」と捉えることである。ヘゲモニーとしてのニュース文化は、既存のニュースメディアやニュースをめぐるメディア実践のあり方を正統化し、自然化する。他方でニュース文化のヘゲモニーが揺らぐと、それらは脱自然化し、異議申し立てや新たなニュースメディア、そしてニュースをめぐるメディア実践のあり方の構想に対して開かれる。そして第二は、「解釈共同体」の範囲をより広範な社会全体へと拡張することである。ニュースやジャーナリズムに関する理解や認識はジャーナリストの間だけでなく、社会の中でも共有されている。そして今日の危機の根幹は、ジャーナリストたちの間というよりもむしろ、社会の中での「ニュース」や「ジャーナリズム」に関する意味づけの変化に関わっているのである。

以上の分析視座を踏まえつつ、本章は現代日本におけるジャーナリズムの「危機」とは、戦後社会で制度化されたニュース文化のヘゲモニーの危機であることを明らかにする。とくにそれがいかなる要因によって生じ、またどのように進展したのかを論じていく。まずはこうしたニュース文化概念の操作化に関わる理論的作業として、ラディカル・デモクラシーの言説理論におけるレジーム概念およびメディアの社会理論におけるメディア実践と秩序に関する議論を改めて整理し、確認する。

2-2　ニュース文化の制度化とヘゲモニー

ニュース文化をラディカル・デモクラシーの言説理論から捉える場合、それは「レジーム」として理解されることになる。第二章で概観した通り、ラディカル・デモクラシーの言説理論は制度や秩序をヘゲモニー政治を通じた「社会的なもの」の創設、そして「再活性化／沈殿化」のメカニズムとして説明する視座を提供してきた（ラクラウ 一九九〇＝二〇一四：六〇－六二）。つまり、マス・メディアのシステムのもとで制度化してきた今日のニュース文化は、複数のプロジェクトが競合した結果、特定の形態として確立されたものであり、現代の日本社会におけるニュース文化のレジームはこうした「政治的なもの」の産物として把握されるのである。

その起源、あるいは制度化の具体的な展開はさまざまな時間軸、空間、視点によって説明しうるものとなる（Schudson 1978; Zelizer 2004; Stephens 2007; Williams and Delli Carpini 2011）。しかし、ここではそうした展開を詳細に検証し、特定化し、裏づけることが目的ではない。まずは大まかに第一章で概観したニュース社会学や「政治制度としてのニュースメディア」などの先行研究が想定するニュース生産過程、つまり事実性や中立性から構成される客観報道主義、組織ジャーナリズムに基づいた取材・編集体制や慣行、ルーティン化した情報源との相互関係といった規範や実践が制度化されたものとしてニュース文化の今日的形態を捉えたい。日本の文脈では二〇世紀初頭に新聞のマス・メディア化を通じて営利企業としての組織ジャーナリズムが成立し、その後総力戦体制に組み込まれ、さらに戦後はテレビの発達および五五年体制の中で政治制度として組織化されていった結果生み出されたものとしてニュース文化のレジームを位置づける（1）。

本章の問題関心から重要な点は、現行のニュース文化のレジームの政治的起源が「沈殿化」によって忘却されていること、そしてそうした政治的起源はヘゲモニーの危機によって「再活性化」しうることである。現行のニュース文化のレジームの中で、ジャーナリストは日常的なニュース生産に関わるメディア実践を反復している。そこでは多くの場合、「ニュースとは何か」「ニュースを生産するとはいかなる実践なのか」が問われることはない。いわばそれらはニュース文化のレジームを維持する社会的論理として機能している。だが、ニュース文化のレジームが危機に陥るとヘゲモニー政治が活性化し、「ニュースとは何か」あるいは「ジャーナリズム実践とは何か」が改めて問われることになる。それはニュース文化のレジームをめぐる「政治的なもの」の活性化と捉えられる。

ただし、ニュース文化をめぐるヘゲモニー政治の帰結は状況に大きく依存する。政治的論理や幻想的論理に関するこれまでの分析が示すように、ニュース文化をめぐる「政治的なもの」は既存のヘゲモニーに吸収される可能性がある。その場合、現行のニュース文化のレジームは多少の変化を伴いつつも維持される。他方で従来のニュース文化の編成原理とは異なる新たなニュース文化のレジームが成立する可能性に対しても同様に開かれているのである。

2-3　ニュース文化をめぐるメディア実践

したがって、今日のジャーナリズムの危機を論じるうえで、既存のニュース文化のレジームがどのような要因によって流動化しているのかを分析することが中心的な課題となる。しかしその前に、従来の伝統的メディアによって担われてきたニュース文化のヘゲモニーがなぜ長期にわたって安定していたのか（しているのか）も問われる必要がある。それは日常的なジャーナリズムの社会的論理の次元をめぐる問いだが、ラディカル・デモクラシーの言説理論そのものからその原理や力学を直接導き出すことはできない。言うまでもなく、ラディカル・デモクラシーの言説理論はメディア分析のための独自の方法論をこれまで発展させてこなかったからである。ニュース文化のレジームは日常的なニュースをめぐる諸実践を通じてどのように維持されてきたのであろうか。

そこで本章ではメディア実践、そしてメディア実践と社会秩序との関係をめぐるメディアの社会理論を手がかりにこの問題を検討する。第二章で論じたように、デジタル化が進展し、ますます複雑化するメディア社会を理解するうえで、「人々がメディアに関連して何をしているのか」を問うことが重要だと考えられるようになり、このような文脈からメディアの社会理論では「メディア実践」が中心的な分析概念として位置づけられてきた（クドリー 二〇一二＝二〇一八：六三）。従来のメディア研究やマス・コミュニケーション研究は、人々がメディアに関して行っていることを、メッセージやテクストの「生産過程」や「受容過程」、あるいは「テクストの読解」といった狭い範囲でしか捉えてこなかった。それに対してこの実践概念は、人々がメディアに関連して行っていることをより幅広いものとして捉えようとする（クドリー 二〇一二＝二〇一八：五九）。

ここで強調されるのは、メディア実践の多様性や複雑性である。すなわち、メディア実践には「メディアを直接的に志向する行為」「必ずしも特定のメディアを目的や対象とするものではないが、メディアとの関連性を含む行為」「メディアの存在や影響、機能によって可能性が条件づけられている行為」、さらには複数の行為が複雑に節合された実践も含まれる（クドリー 二〇一二＝二〇一八：五九、八五）。これらの類型は、例えば「検索」「共有」「拡散」といったデジタル化の結果、新たに生じた実践を説明する概念であるが、それ以前のマス・メディア中心のメディア環境の中にも多様な実践が存在していたことを示すものでもある。

この実践概念をニュース文化と関連づけると、「人々がニュースやニュースメディアに関連して何をしているのか」を問うことができる。ニュースやジャーナリズムに関する豊富な研究の蓄積が示してきたように、ニュースの生産過程には多様な実践が関わっている。ジャーナリストの取材や編集だけでなく、例えば情報源の戦略、ジャーナリストによる過去の記事や同業他社の記事の参照、相互批判などもここには含まれる。そして一連の実践がニュース文化を形成し、あるいは再生産してきたのである。しかし、メディア実践の多様性が示しているのは、ニュース文化は一般の人々によるニュースの消費や評価に関わる諸実践によっても支えられているという側面である。

以上の点を踏まえると、メディア実践とニュース文化のレジームに関する二つの局面が導き出される。第一は、ニュースをめぐるメディア実践がニュース文化のレジームを維持し、再生産する局面である。ここには専門的なニュースメディア組織におけるニュース生産実践だけでなく、人々の日常的なニュース消費実践も含まれる。例えばマス・メディア中心の時代では、電車の中で新聞を広げるという行為や、帰宅後にテレビの電源を入れ、ニュース番組を流したままにする行為も基本的には既存のニュース文化のレジームを維持する実践であった。同様に、現代のスマートフォンでニュースをチェックする行為やSNSで共有、拡散する行為も、それらが社会的論理の文法や規則に基づいている場合、ニュース文化のレジームを支えるヘゲモニーを維持、再生産する実践となる。

そして第二は、ニュースをめぐるメディア実践がニュース文化のレジームを変容させる、あるいは新たに構築する局面である。この場合、そうしたメディア実践は、ラディカル・デモクラシーの言説理論における政治的論理の文法や規則によって特徴づけられる。それが全く新しい実践によって担われる可能性がある一方で、通常はレジームを再生産する行為が状況の変化によって政治的論理に基づいた機能を果たすようになり、その結果レジームの変容に寄与する可能性もある。したがって、ニュース文化のレジームの危機について検討する場合は、デジタル化に伴うメディア実践の多様化や変化が、ニュース文化のレジームをどのように変容させ、それが危機といかに関連するのかが問われることになる。

2-4　メディア実践と秩序

(1) メディア実践と秩序化の権力

ここではニュース文化のレジームの危機をめぐる議論に入る前に、メディアの社会理論におけるメディア実践と秩序との関係性についてより詳細に検討したい。というのも、このアプローチはメディア実践が秩序を維持するメカニズムについて、独自の分析概念を発展させてきたからである。本章はそれらを操作化し、ニュース文化のレジームの危機の諸相の分析に活用する。

メディアの社会理論において、メディア実践と秩序の関係は相互依存的なものとされる。つまり、「社会秩序は実践を通じて構築される」一方で、「さまざまなレベルの規則や秩序に基づくことなくしてわれわれは世界の中で行為することはできない」(クドリー 二〇一二=二〇一八:五七)。こうした相互関係は、ニュース文化のレジームの維持のメカニズムを理解する際の鍵となる。つまり、「秩序」(2)

としてのニュース文化のレジームは日常的なメディア実践によって再生産されるが、一連のメディア実践はニュース文化のレジームによって可能になるのである。

それではこうした視座において、メディア実践を通じた秩序化はどのように理解されるのであろうか。例えばニック・クドリーはメディア実践の「普遍化」という権力作用が社会の秩序化を促すと論じる。

> 権力へのこのアプローチは、古い、静態的な社会秩序の概念に依拠するものではないことを指摘しておきたい。その代わりとして、ここでの焦点は秩序化（ここには社会秩序を求めることも含まれる）の開かれた過程に向けられている。現代社会の実際の価値の多元性にもかかわらず、また、十全に達成された社会秩序は実際には存在しないがゆえに、この秩序化の過程では、メディアを含む多様な制度が機能している（クドリー 二〇一二＝二〇一八：一〇四）。

> 社会的現実を規定するというメディアの役割は常に開かれている。つまり、それはあらかじめ完全に決定されたものではない。…（略）…しかし重要なことは、一連の過程が「普遍化」効果を有している点である。…（略）…メディアの権力の社会的作用を理解することは、日常生活における価値づけや組織化の多元性を認めつつ（単一の「社会秩序」なるものは存在しない）、その一方で日常生活におけるメディア言説の普遍化の力を捉えることである（クドリー 二〇一二＝二〇一八：一〇八）。

ここで論じられる「秩序化」や「普遍化」というメディア実践の権力作用は、ヘゲモニーをめぐるラディカル・デモクラシーの言説理論と部分的に重なり合っている[3]。すなわち、一方においてメディア実践の権力とは、多様性の中から特定の秩序を「普遍的なもの」「共通のもの」として形成し、自然化させる力であり、他方において、そうした秩序は決して全体化されることはなく、究極的な決定不可能性を持つものと理解されるのである。この権力作用は、メディア実践がニュース文化のレジームを秩序化し、維持するだけでなく、変容させる可能性も有することを示している。

(2) 秩序の維持をめぐるメディア実践の権力作用

とはいえ、このメディアの社会理論の主たる関心は、メディア実践が日常的な秩序の維持を可能にするメカニズムにある。デジタル化が進展した結果、メディア実践は多様化し、社会もますます複雑化しているが、それにもかかわらずニュース文化のレジームという秩序はどのように維持されてきたのだろうか。

クドリーはこのメカニズムを「メディア儀礼」という概念によって説明する。メディア儀礼とは、「世界を組織化する方法を可能にするメディアに関する形式化され、パターン化された行為」を意味する（クドリー 二〇一二＝二〇一八：一一八）。ここで重要なのは、メディア儀礼がパターン化された実践だという点である。この場合、ニュースの生産活動やニュースを消費する諸行為は「儀礼」として日常生活の中で反復されるがゆえに、その行為の意味について強く意識されないことになる。つまり、一連の実践がニュース文化の秩序を再生産する過程は自然化されており、それゆえ、秩序としてのニュース文化のレジームは維持され、安定するのである。

このニュース文化のレジームをヘゲモニーの観点から捉えるうえで、メディア儀礼と密接に関わる秩序維持の二つのメカニズムが手がかりになる。それは「メディアによって媒介された中心の神話」と「カテゴリー」である。「中心の神話」とは、「何らかの『真の』中核が存在し、それこそが『我々の』生活様式、『我々の』価値の中心として評価すべきものであり、そうした『自然な』中心が社会を一つにまとめ上げている」という信念を指す（クドリー 二〇一二＝二〇一八：一一一。訳一部変更）。例えば国民国家のレベルで社会秩序を考えると、その全体像を十全に捉えることは究極的には不可能である。それにもかかわらず、人々は自らが所属する「社会」を日常的に確認し、それを通じて自らがそうした「社会」に所属しているという感覚を得ようとする。「中心の神話」とは、それを確認することで「社会」全体を十全に認識、理解できる何らかの「中心」が存在するという信念であり、メディアは「中心」にアクセスする手段と位置づけられる。とくにニュースは「中心」に関わる出来事や対象を扱うことから、ニュースメディアは「中心」にアクセスする特権的な制度とみなされる。つまり、「中心の神話」は既存のニュース文化のレジームを正統化し、維持する機能を果たす。そして日常的にニュースを参照し、それを通じて「現実」を認識するというメディア実践自体がこの神話を再生産するのである。したがって、本章ではこの概念を「ニュースによって媒介された中心の神話」として操作化し、分析に用いる。

一方、「カテゴリー」は「規則に基づいてある項を他の対立する項から差異化することを可能にする安定した原理」を指す（クドリー 二〇一二＝二〇一八：一二二）。日常に埋め込まれた、すなわち社会的論理の文法や規則に基づくメディア実践は、カテゴリーを再生産することを通じて『ニュースによって媒介された中心の神話」を自然化する。ニュース文化に関わるのは、「ニュース」と「ニュースではないもの」、あるいは「ニュースメディア」と「ニュースメディアではないもの」とを区分するカテゴリーである。つまり、ニュースによって表象される「現実」こそが「中心」であるとみなされるのであり、それはニュースやニュースメディアを他の情報や媒体と区分し、「中心」へのアクセス手段としてそれらに特権性を与える。そしてこうしたカテゴリーは、ジャーナリストのニュース生産に関わる諸実践だけでなく、人々のニュース消費に関わる諸実践によっても支えられてきたのである。

2-5　ニュース文化のレジームの危機の分析に向けて

以上の議論を踏まえるとニュース文化のレジームは次のような特徴を持つことが分かる。第一に、ニュース文化のレジームの今日的形態は、ヘゲモニー闘争を通じて確立されたものである。例えば日本のニュース文化を構成する組織ジャーナリズムの取材体制や客観報道といったメディア実践およびそれを可能にする規則や規範は固有の歴史的文脈における政治的、社会的、経済的諸関係の中で秩序化したものとみなされる。そして第二に、ジャーナリズムのニュース生産に関わるメディア実践は現行のレジームのもとで自然化している。ニュース生産は日常的に反復され、ルーティン化し、ニュース文化のレジームを再生産する。つまり、ニュース生産の慣行は社会的論理を構成する。したがって、一連のメディア実践は当たり前のものとみなされ、そのあり方に根幹的な疑問が抱かれることがない。しかし、ニュース文化のレジームのヘゲモニーの強固さはジャーナリストのニュース生産をめぐるメディア実践からのみ説明されうるものではない。すなわち、第三に、それはニュースの消費者である社会を構成する一般の人々のメディア実践によっても支えられているのである。そこにはニュースの消費それ自体にとどまらず、日常生活のルーティンの中にそうした行為が埋め込まれていること、あるいはニュースの消費を通じて「現実」を構築する慣習なども含まれる。つまり、ニュース文化のレジームは社会的論理を構成するニュースをめぐる諸実践によって複合的に秩序化されているのである。

そして第四に、ニュース文化のレジームは変化に対して開かれている。通常、ニュース文化のレジームの矛盾は既存のヘゲモニーによって吸収される。しかし、矛盾が拡大するとヘゲモニーの危機が生じる。この場合、既存のレジームは流動化、弱体化する。したがって、ニュース文化のレジームの危機の分析では、それが何によって生じているのか、そしてレジームの矛盾が危機へと発展する中で、既存のレジームを支えていたメディア実践のメカニズムにどのような変化が生じているのかが問われることになる。

3　現代日本のニュース文化の危機の諸相

マス・メディアによる組織的・専門的なニュース生産とニュースの受け手である一般の人々による受動的、慣習的なニュースの消費というメディア実践によって支えられてきた日本社会のニュース文化のレジームはいかなる点において危機的状況にあると言えるのだろうか。ここでは三つの側面に注目することで複合的な危機の諸相を分析する。

三つの側面は固有の力学に基づいており、起源、進展や速度はそれぞれ異なる。しかしそれらは相互に関連し、ある側面が別の側面の条件を形成する。このような複雑な関係性がニュース文化のレジームの危機を拡大させることになる。

3-1　メディア環境の変化によるニュース文化のレジームの流動化

まず初めにデジタル技術への対応が、既存のニュース文化のレジームに対してもたらす危機について検討する。放送やインターネットが示すように、ニュース文化のレジームは先端技術を取り入れることで発展してきた。そしてUGC（一般のネットユーザーが生み出すコンテンツ）やビッグデータといったデジタル技術は、既存のニュース文化のレジームの再生産、強化に寄与する側面を持つ。既存のレジームにとっての問題は、巨大プラットフォーム企業のビジネスの論理とそれを支える技術の影響である。メディア環境、そしてジャーナリストも含めた人々のメディア実践を大きく変容させたこのプラットフォームの論理は、既存のレジームのヘゲモニーに吸収できず、むしろレジームを流動化、弱体化させる要因になった。これが危機の第一の側面である。

プラットフォームとは、「多様な情報やコミュニケーションの機会を提供するだけでなく、コンテンツをめぐる制作、公開、関与の機会も提供するアフォーダンスを備えたデジタルインフラ」を指す（Ekström and Westlund 2019: 259）。よく知られるように、プラットフォームは自らコンテンツを生産せず、利用者のデータを収集し、マネタイズするビジネスモデルを採用している。それゆえ、プラットフォームはアクセス数や滞在時間、利用者数を増やすように設計されている。グーグル、フェイスブック、ユーチューブ、インスタグラムやツイッター、そしてラインといった検索サイトやソーシャルメディアは代表的なプラットフォームである。また、一連の特徴を踏まえると、ヤフーニュースなどのニュースサイト（さらにはニュースアプリ）も広義のプラットフォームに含まれる。これらのプラットフォームの多くは二〇〇〇年代半ばから一〇年ほどの間に急速に発展し、普及してきた。

その結果、プラットフォームはインターネット空間および人々のニュースをめぐるメディア実践そのものを大きく再編成した。こうした中で伝統的なニュースメディアも新たな読者や視聴者の獲得、そして経営的な生き残りのためにプラットフォームの論理への対応を迫られている。しかし、プラットフォームの論理に対応すればするほど、既存のニュース文化のレジームは矛盾が顕在化し、流動化する。

第一に、プラットフォームの論理はニュース文化の中核を成すジャーナリストの編集という実践やその根拠となるニュース・バリューを再構成する。とくにその際に影響を与えるのがプラットフォームのアルゴリズムである。ここでのアルゴリズムとは、コンピュータのプログラムに組み込まれた情報処理の仕組みを指す。よく知られるように、今日のプラットフォームが採用するアルゴリズムは、ユーザーから収集したデータに基づき、そのユーザーにとって最適と判断された情報を提供する。優先順位の決定、分類、関連づけ、フィルタリングを通じて膨大な情報の中からユーザーが「知るべき」ものを選択し、提供するアルゴリズムはデジタル社会における「知の論理」の一つとみなされる

（Gillespie 2014: 168）。

プラットフォームのアルゴリズムはユーザーのメディア実践を追跡し、データを収集する。その実態は「企業秘密」として不可視の状態に置かれている。こうしたアルゴリズムはユーザーをフィルターバブルに閉じ込め、それがエコーチェンバーを形成し、あるいはフェイクニュースを拡散する要因になると問題視されてきた（パリサー、二〇一一＝二〇一六）。

とはいえ、ここで問われるべきはアルゴリズムがニュースの生産過程をどのように変容させているのかである。プラットフォームにおいては、ニュースの生産をめぐって「編集の論理」と「アルゴリズムの論理」が並立し、しばしば後者が前者に対して優位に立つ状況が生まれている（Gillespie 2014: 192 参照）。そしてそれは、ニュースの選択や編集をめぐる基準であるニュース・バリューに対して影響を及ぼす（Poell and van Dijck 2015; Paulussen, Harder and Johnson 2017: 430-431）。今日のニュースメディアは、ユーザーのデータの分析に取り組むようになり、よりアクセスされる、クリックされる、そしてシェアされるニュースに価値が置かれるようになった（Meijer 2020: 392）。こうした傾向は伝統的なニュース文化の中で重視されてきた社会問題をめぐるハードニュースや調査報道の地位の相対的低下をもたらしうるが、それ以上に問題なのは、編集というジャーナリズムのメディア実践の特権性が切り崩されることである。つまり、プラットフォームのアルゴリズムを通じてニュースが選択され、あるいは消費される状況において、プロフェッショナルのジャーナリストによるニュースの選択や編集という実践の社会的な価値や正統性そのものが低下していると言える。

第二に、プラットフォームの論理はニュースの「生産」と「伝達」の過程を脱節合する。マス・メディア時代に制度化した既存のニュース文化のレジームにおいて、ニュースの伝達・配信手段はニュースメディア自身（例えば新聞社やテレビ局）によって所有・統制されてきた（Ekström and Westlund 2019: 261; Steensen and Westlund 2021: 40）。しかし、近年はプラットフォームがニュースの配信を統制する比重が高まり、ニュースのフローは大きく変容しつつある（Paulussen, Harder and Johnson 2017: 432）。その結果、「ニュースを生産すること」というメディア実践と、「ニュースを伝えること／ニュースが伝わること」というメディア実践とが分離するようになったのである（Ekström and Westlund 2019: 256 参照）。

それでは、この脱節合はニュース文化のレジームをどのように流動化させるのだろうか。確かに伝統的メディアのニュースがプラットフォーム上で参照される機会が増えるという一面もある。しかし、それはプラットフォーム上ではしばしば元の文脈から切り離された断片的な情報として流通する。そうした断片的なニュースにはさまざまな立場からコメントが付けられ、新たな解釈が加えられていく。さらにはプラットフォーム上にはフェイクニュースも含むさまざまな質の情報が混在する。

ユーザーにとって、プラットフォームはニュースへアクセスするためのチャンネルになる。そしてニュースとはプラットフォーム上で偶然出会うものとなる。プラットフォーム上で人々のニュースをめぐる習慣は変化するが、それ以上にニュースやニュースメディアをめぐる社会的な認識の変化が生じつつある。つまり、ニュースの生産と伝達の脱節合は、「ニュースとは何か」を意味づけてきた既存のニュース文化のレジームの権力や正統性を低下させていくのである。この点については次項で改めて検討する。

第三に、プラットフォームの論理はニュース文化のレジームを取り巻く社会秩序そのものを再編する。グーグル、アマゾン、フェイスブック、アップルといったプラットフォーム企業[4]は二〇一〇年代にはグローバルな経済や社会に対して巨大な影響力を持つに至った。いわば、プラットフォームの論理はインターネット空間のみならず、社会秩序を規定するヘゲモニーを構成しているのである。

すでに多くの研究が指摘してきたように、このヘゲモニーとしてのプラットフォームの論理は、新自由主義のイデオロギーと節合している。プラットフォーム企業は利用者のデータを収集し、それをマネタイズするビジネスモデルを構築してきたが、新自由主義と節合したプラットフォームの論理は、「コミュニケーション資本主義」という形態で展開するようになる。この場合、コミュニケーション資本主義は「デジタル通信回路を循環・流通する膨大な情報の活用が、資本の増殖過程にとって中心的なメカニズムをなしている事態」を意味する（伊藤編 二〇一九：二六九）。そしてそれは、私的・公的生活に関わるさまざまなメディア実践がプラットフォームの関与無くして成立しえないような状況の中で、メディア実践そのものを市場化し、さらには社会の公共性や公的領域をも市場化する力学となるのである。

こうしたメディア環境と社会秩序においては、デジタル化への対応を進めると、プラットフォームの論理を介して新自由主義のイデオロギーがニュース文化に一層浸透しやすくなる。この場合、例えばUGCの活用といったデジタル技術のニュース生産過程への活用は、ニュースの質の向上よりも取材コストの削減という点から強く規定されるようになる。無論、これまでもニュース文化は市場原理主義の影響を受けてきた。むしろ既存のニュース文化のレジーム内部には、市場原理主義と公共性とがせめぎ合ってきたと言える。プラットフォームの論理は、その矛盾を先鋭化させ、既存のニュース文化のレジームの正統性の根拠の一つである公共性を弱体化させるのである。

以上の三点が示すように、プラットフォームの論理は既存のニュース文化のレジームを維持・強化するよりも、流動化・弱体化させる力学として作用する。確かに一連の議論は欧米の状況が前提となっている。それと比較すると日本は伝統的メディアの存在感が依然として高いとも言える。しかしながらニュースの流通・消費過程のプラットフォームへの依存は日本でも顕在化しつつある。日本ではインターネットの発達・普及の過程でヤフーニュースがそうしたプラットフォームの代表として機能してきた。その後、二〇一〇年代にはスマートフォン向けのニュースアプリやラインニュースが登場した。そして二〇二〇年代にはグーグルニュースショーケースのように、巨大プラットフォーム企業と新聞社や通信社との連携はますます活発になっている。

また、総務省の「情報通信メディアの利用時間と情報行動に関する調査」は、文字媒体（テキスト）でニュースを得る手段が「紙の新聞」からインターネットへ移行しつつある傾向を明らかにしている。調査によると、「紙の新聞」からニュースにアクセスする層は五九・三％（二〇一三年）から二〇・四％（二〇二〇年）へと減少し、「ポータルサイトによるニュース配信」が増加（二〇・一％→四四・九％）、さらに「ソーシャルメディアによるニュース配信」も二〇一四年の二・九％から二〇二〇年の一七・五％へと伸長している（総務省情報通信政策研究所 二〇二一：七一）。この傾向は、伝統的なニュースメディアによって支えられてきたニュース文化のレジームが一層プラットフォームの論理の影響を受けるようになることを示している(5)。

このように、伝統的なニュース文化を支えてきた構成要素とその結びつきはプラットフォームの論理によって流動化・弱体化する。そしてこの傾向は、「ニュースとは何か」「ニュースとはどのように生産されるのか」「ジャーナリストは何をしているのか」といった従来のニュース文化で共有されてきた諸前提を脱自然化し、さらにはニュース文化の脱構築の条件を形成するのである。

3-2　メディア実践の多様化とレジームを維持する権力の弱体化

ニュース文化のレジームをめぐる危機の第二の側面は、ニュース文化の中心的な構成要素の脱構築の進展である。ここではニュース概念をめぐる社会的な意味づけや理解の変容について検討してみたい。以下に述べるようにニュース概念の変容は、ニュース文化のレジームを支えてきた「カテゴリー」や「中心の神話」といった権力の弱体化をもたらしている。この過程は、前項で論じたデジタル化に伴う伝統的なニュースメディアのメディア実践の変容によっても促進されるが、留意すべきは、ニュースの受け手、つまり幅広い社会内部におけるメディア実践によって進展する点である。

従来のニュース文化のレジームは、「ニュース」というカテゴリーによって、つまり、「ニュース」と「ニュースではないもの」とを区分し、前者に特権性を付与することによって支えられてきた。ここでの「特権性」とは、ニュースこそが社会の「中心」にアクセスするための手段であり、それは専門的なジャーナリズム組織によってのみ提供されうる、というものである。しかし、今日のメディア環境における人々のメディア実践は、「ニュース」とそうではないものとの境界線を消失させつつある。

無論のこと、従来のレジームのもとでも伝統的なニュースメディアがこの概念を自ら拡張し、あるいは「ニュース」とそうではないものとを区分する境界線を引き直してきた。本章では「ニュース」と「ニュースではないもの」との中間に位置する情報を「ニュース的なもの」と呼ぶ。例えば日本では「ワイドショー」というテレビ番組のジャンルがこの「ニュース的なもの」の典型とみなされる。とはいえ、こうしたジャンルの融合や流動化は基本的に既存のニュース文化のレジーム下で制御され、「ニュース」というカテゴリーの特権性は維持されてきた。

このカテゴリーを維持する権力は、日常生活におけるメディア実践の反復、すなわちメディア儀礼の中に埋め込まれてきた。つまり、マス・メディア時代において、受け手は新聞を読むことを通じて、あるいは報道番組を視聴することを通じて提供される情報を「ニュース」と理解していた。ここでマス・メディアの受け手は何が「ニュース」で何がそうではないのかを必ずしも主体的に判断しているわけではない。したがって、本来的には情報番組に位置づけられるワイドショーもまた、報道番組と同じように視聴される点において、受け手の間では「ニュース」とみなされてきた。しかしそうした動向は、時事的な事柄を知るために人々がますます「ニュースメディア」としてのテレビに依存するという状況を生み出し、結果的に既存のニュース文化のレジームの維持に寄与してきた。このように、従来のニュース文化のレジームにおいて、「ニュース」のカテゴリーは、伝統的なニュースメディアの論理とマス・メディアの受け手（オーディエンス）のメディア実践の相互作用によって支えられていた。

しかしこのカテゴリーを維持する権力は、プラットフォームの論理とネットユーザーのメディア実践の相互作用によって急速に弱体化した。オンラインのニュースサイトは、伝統的なニュース文化に制約されない手法で生産された記事（すなわち「ニュース的なもの」）を生み出し続けている。そしてヤフーニュースやラインニュースといった大手ニュースサイトは、伝統的ニュースメディアが生産した記事とそうした「ニュース的なもの」（さらには広告や広報）をフラットに配置する。ユーザーはプラットフォーム上の「ニュース的なもの」を「ニュース」と区別することなく消費する。一連の「ニュース的なもの」の量的拡大、流通、消費は「ニュース」と「ニュースではないもの」、さらには「ニュースメディア」と「ニュースメディアではないもの」との境界線を流動化させているのである。

それ以上に重要なのは、デジタルメディア環境における人々のメディア実践の多様化がニュース文化に対してもたらした帰結である。今日、人々がニュースに関して日々行っていることは「新聞を読む」「報道番組を視聴する」といった従来のメディア実践にとどまらない。記事の共有や拡散、さらにはジャーナリストに代わり自らが「ニュース的なもの」を作成、発信する場合もある。

従来の研究では、事件や事故を目撃した一般市民による撮影や動画の拡散がジャーナリズムに対して果たす役割に関して（主として肯定的に）論じられてきた（Allan 2013）。とはいえ、一般のネットユーザーが生み出すコンテンツ（UGC）はそうした事件や事故に関わる映像以外でも幅広くインターネット上で共有、拡散し、さらには「ニュース」とみなされ、消費される。例えばそれは不正を告発する一般市民のツイートや時事問題を解説するユーチューブの動画、あるいは時事問題をめぐるセレブリティやインフルエンサーのツイートやインスタグラムの投稿なども含まれる。しばしばそれらは伝統的メディアにも「ニュース」として取り上げられ、ニュースをめぐるカテゴリーの脱構築はますます進展する。

こうしたカテゴリーの変容は、ニュース文化のレジームを維持するもう一つのメカニズムである「ニュースによって媒介された中心の神話」の弱体化と関連する。この点を検討するうえで、まずは日本におけるニュース利用に関する最新データの一つであるNHK放送文化研究所の「全国メディア意識世論調査・2020」を参照したい。この調査によると、ニュースの接触に「若者層」（一六〜二九歳）が利用するメディアはNHK（四二％）、民放（六五％）、新聞（二二％）、ユーチューブ（三五％）、ライン（五二％）、ツイッター（四二％）、ヤフー（三六％）となっている。それに対して「中年層」（三〇〜五〇代）では、NHK（六一％）、民放（七八％）、新聞（四二％）、ユーチューブ（一六％）、ライン（三四％）、ツイッター（一三％）、ヤフー（五二％）である（複数回答。斉藤・平田・内堀 二〇二一：一三）。

この動向は、経路が多様化しつつも、ニュースを介して「中心」へアクセスするメカニズムが依然として維持されている状況を示唆している。だが、デジタルメディア環境において、このメカニズムは必ずしも既存のニュース文化のレジームの維持に結びつかない。

それは第一に、ソーシャルメディアを介して人々が接触する「ニュース」が、伝統的ニュースメディアが用いてきた専門的手法によって生産されたニュースであるとは限らないからである。この調査の回答は、「あなたは、ニュースを見聞きするために、どんなものやサービスを利用しますか」という質問文によって導かれている（斉藤・平田・内堀 二〇二一：三七）。つまり、多様化するメディア環境の中で何を「ニュース」とみなすかは、回答者の判断に委ねられている。先述の通り、人々がアクセスしているのは「ニュース的なもの」である場合も多い。つまり、人々が求めているのは、あくまでも自分たちが「中心」とみなすものへアクセスする手段としての「ニュース」という形式なのである。

第二は、多様化したメディア環境の中で、人々が共通の「中心」にアクセスしている保証が失われたからである。既存のニュース文化を支える「中心の神話」では、「中心」は一つであることが前提とされていた。すなわち、それは国民国家レベルの社会秩序における「中心」を指し、マス・メディアがそうした「中心」へのアクセス手段とみなされてきた。しかし、社会の変化とソーシャルメディアの発達によって、「中心」は複数化した。

こうした状況を受け、「中心」が指し示す範囲は縮小し、プラットフォームを基盤に成立する「我々」にとっての「中心」を意味するようになった（Couldry 2020: 202-203 参照）。いわば、この原理はフィルターバブルやエコーチェンバーといった概念で説明される社会の分断や島宇宙化のメカニズムと同義であると言ってよい。重要な点は、「我々」にとっての社会の感覚、あるいは社会的現実は伝統的なニュースメディアが提供するニュースに拠らずとも成立すると信じられるようになったことである。

デジタル化はニュースの質や形式の多様化と流通量の劇的増大をもたらした。そして人々の新しいメディア実践はさまざまな形でニュースと密接に関わっている。しかしながら、このような状況は既存のニュース文化のレジームの危機を加速させる。なぜならば、一連の変化がレジームを支えてきたカテゴリーや神話の弱体化をもたらすからである。そしてこうした状況がさらに進展すると、それはニュース文化のレジームの正統性の危機へと発展する。

3−3　ニュース文化のレジームに対する異議申し立ての活性化

ニュース文化のレジームの「正統性の危機」とは、「ヘゲモニーの危機」にほかならない。そしてヘゲモニーの政治理論が説明するように、この危機が進展する中で、既存のニュース文化に対する異議申し立ても活性化する。

例えばこれまでも言及してきたトランプ現象の場合、米国の伝統的なニュースメディアはトランプ政権による「偉大なアメリカを取り戻す」というポピュリズムの言説戦略の中で「敵対勢力」に位置づけられた。そしてこの言説は、米国社会における伝統的なニュースメディアに対する不信と共鳴し、既存のニュース文化のレジームのヘゲモニーの危機へと発展した。そして偽情報の秩序のようなオルタナティブなメディア空間が成立し、社会を分断したのである（第五章参照）。

それでは日本では、デジタル化の進展の中でニュース文化のレジームに対する異議申し立てはどのように進展したのであろうか。注目すべきは、一九九〇年代後半から本格化したインターネットの発達と普及の比較的初期段階においてすでに、インターネットのサブカルチャーの中でそうした言説が活性化していた点である。日本では、一九九九年に誕生した巨大掲示板「2ちゃんねる（現5ちゃんねる）」がこうした批判が展開した場として知られている。そのメディア実践の特徴については、「サブカル保守」の担い手たちによる、リベラルな権威（そしてその代表としての伝統的ニュースメディア）に対する異議申し立てという説明が加えられてきたが、本章の関心からは、伝統的ニュースメディアによる「誤報」や「偏向」を暴くという能動的なニュース文化批判の実践が注目される（伊藤 二〇一九）。重要な点は、こうしたジャーナリズムを批判する人々のメディア実践がインターネット上の文化（サブカルチャー）として定着してきたという側面である。

ニュース文化のレジームに対する異議申し立てという点から注目すべき次の段階は、二〇一一年に生じた福島原発事故をきっかけとして活性化した批判である。これは、「脱原発」という、より広範な政治的実践にニュース文化への批判が節合された形態で展開したものである。ここでは例えば記者クラブのような伝統的なニュースの生産体制が、原発事故の実態に関する適切な報道を阻害する要因として批判された（瀬川 二〇一一、ファクラー 二〇一二参照）。さらに、「脱原発」派の言説においては、伝統的メディアは原子力政策をめぐる推進ないし現状維持勢力（「原子力ムラ」）の一員とみなされ、それに対してインターネット上のオルタナティブなジャーナリズム実践が「脱原発」勢力＝「我々」の陣営として位置づけられたのである（白石 二〇一一参照）。つまり、この事例は伝統的なニュースメディアによって担われたニュース文化とは異なるインターネット上のジャーナリズムを担うメディア実践が構想されるようになったことを示している。

このように、「サブカル保守」や「脱原発」派といった集団にとって、伝統的メディアは敵対的な関係に位置づけられた。伝統的なニュースメディアを批判する言説（例えば「偏向メディア」や「真実を伝えないメディア」）は、さまざまな政治的実践と節合する「浮遊するシニフィアン」となったのである。そしてこうしたメディア批判はニュース文化の正統性や「ニュース」のカテゴリーを脱構築する政治的論理としても機能した。とはいえ、これらサブカルチャーや社会運動の担い手の言説戦略が社会の多数派に直接的に浸透したとは言い難い。したがって、ニュース文化のレジームに対する異議申し立てをめぐる言説が「ポピュラー」なものになるのが次の段階である。

この第三の段階は、既存のニュース文化に対する批判がポピュリズム的な言説戦略に組み込まれることによって成立する。日本では二〇一〇年代に前景化したこの動向は、ソーシャルメディアの発達に伴う政治コミュニケーションの構造転換を通じて活性化してきた。周知の通り、かつては政治的アクターが不特定多数の有権者へメッセージを伝達する際にマス・メディアに依存する必要があった。この場合、政治指導者は「メディアの論理」(第一章)に適応しなければならず、例えば小泉純一郎政権で展開された「劇場型政治」というポピュリズム戦略はテレビの論理に大きく依拠したのである。つまりそれは、従来のポピュリズム的な政治コミュニケーションが既存のニュース文化のレジームによって統制されていたことを意味する。

しかしデジタル化の進展、とくにツイッターなどのSNSの普及は政治的アクターがニュースメディアを介さずに不特定多数、あるいは支持者へメッセージを直接伝達することを可能にした。そしてこの政治コミュニケーションの構造転換は、ポピュリズム的な言説戦略の一つとして、政治指導者による伝統的メディアやそのニュース文化への批判や攻撃を活性化させたのである。

日本における象徴的な事例は、二〇一三年に日本維新の会の代表を務めていた橋下徹大阪市長(当時)が展開した伝統的ニュースメディアへの批判である。橋下市長は、小泉政権と同様、新自由主義的改革に基づく言説戦略を採用したポピュリズム政治を展開してきたことで知られる。また、ツイッターの積極的な活用でも知られ、フォロワー数は二百万に達していた。橋下市長は二〇一三年五月に慰安婦をめぐる自身の発言に批判が加えられると、主流ニュースメディアによって発言の一部が切り取られていると反論し、囲み取材を拒否した。そして自らの主張をツイッター上に繰り返し投稿した(6)。この一連のメディア実践は、歴史認識問題をめぐって政治指導者の発言を切り取り、印象操作をしようとする「反日」メディアと、「正しい」歴史認識を示す政治指導者という二項対立図式を、ソーシャルメディアを活用することで構築するポピュリズムの言説戦略であった。さらにそれは、既存のニュース文化のレジームで最も重要な「選択」と「編集」というニュース生産の技法を、「切り取り」と「偏向」として攻撃するメディア実践を伴っていた。そしてこうしたジャーナリズム批判は幅広いネットユーザーから支持され、あるいは一般市民のメディア不信と共鳴、共振したのである。

以上のようなジャーナリズム批判は、既存のニュース文化のレジームに対する敵対性に基づいた政治的論理によって構成されている。しかし、それらは新たなニュース文化のレジームを構想・創設するような形態で「政治的なもの」を活性化させているわけではない。例えば福島原発事故を契機とした異議申し立ては、インターネット上のオルタナティブなニュース文化のレジームを確立するまでには発展しなかった。また、二〇一〇年代におけるポピュリズムの言説戦略への節合についても、先に挙げた事例はトランプ現象に先立つとはいえ、こうしたポピュリズムが社会を分断するには至らず、さらにはオルタナティブなメディアシステムの構想も伴っていない。

とはいえ、次の三点に留意する必要がある。第一に、この異議申し立てが「選択」と「編集」というニュース文化のレジームの根源に関わる領域にまで到達している点である。第二に、この異議申し立ての論理がソーシャルメディア内部で共鳴し、一般の人々のメディア実践においても模倣されるようになっている点である。すなわち、この種の異議申し立てはジャーナリズム批判のポピュラーな形式として共有されつつある。そして第三に、この異議申し立てが前述の二つの動向、すなわちプラットフォームの台頭やメディア実践の多様化に伴うニュース文化のレジームの流動化や弱体化と連動している点である。つまり、日本におけるニュース文化のレジームの危機は、新たなニュース文化の構想や創設へと結びつくような形態で「政治的なもの」を活性化させることなく、いわば日常の中で徐々に進行しつつあると言えるのである。

4 ニュース文化の再生に向けて

4―1 再生への困難な道

ニュース文化のレジームという概念を通じて、ニュースをめぐるメディア実践の政治に関わる日本のジャーナリズムの複合的な危機が明らかになった。批判的コミュニケーション論に基づく本書のアプローチにおいては、一連の危機の分析から「解放の論理」をいかに導き出すかが問われることになる。ここでの「解放の論理」とは、ニュース文化を再生するための手がかりの提示を意味する。しかしながら、本章の分析を踏まえると、この取り組みは理論的な困難に直面する。それは、本書のアプローチが依拠してきたラディカル・デモクラシーの理論構成に関わるものである。

ラディカル・デモクラシーはヘゲモニーの危機の中で「政治的なもの」が活性化し、そこから新たな理念、主体、あるいはそれらに関わる論理が生成する点に民主主義の可能性、そして「解放」の根拠を見出している。一方で、この理論構成はしばしば「政治的なもの」の活性化の契機となる「重大な事件や出来事」と、対抗的ヘゲモニーを担う「英雄的な主体」を前提としている（Norval 2007: 139）。そしてこうした強力なリーダーシップを発揮する主体は制度化された政治によって排除された「外部」から生まれてくるとされる。それゆえ、ラディカル・デモクラシーは社会運動やポピュリズムに大きな関心を寄せてきたのである。このように、ラディカル・デモクラシーは「非日常」の政治理論という性格を強く持ってきた。

それに対して、本章の分析が明らかにしたのは「日常」の中で徐々に進展するニュース文化の複合的危機である。一連の状況下では既存のニュース文化のレジームが分断され、あるいは完全な機能不全に陥るような決定的な「事件」は生じていない。そして既存のニュース文化に代わる新たなジャーナリズムを掲げた「英雄的な主体」が広範な支持を獲得するような状況も存在しない。つまり、危機の進展にもかかわらず、新たなニュース文化のレジームの創設に向けたヘゲモニー闘争は生じていないのである。

確かに異議申し立てを通じて「政治的なもの」は活性化した。しかしそれは部分的、局所的なものにとどまり、新たなニュース文化の構想や創設には結びついていない。他方で一連の異議申し立てによってニュース文化のレジームの正統性、そしてレジームを維持する力はますます低下している。日本社会におけるニュース文化のレジームをめぐる危機はそうした性質を有するものであり、従来のラディカル・デモクラシーの理論的枠組みにおける「解放の論理」の構想を困難にしている。

無論、今日のメディア環境を作り変える強力な主体は存在する。例えばグーグルやフェイスブックを所有する巨大プラットフォーム企業である。しかし、これらの企業をニュース文化の再生を担う「変革の主体」として位置づけることはできない。巨大プラットフォーム企業が作り出したメディア環境がニュース文化のレジームの危機を促進し、さらにはそれを民主主義の危機と連動させてきたからである。

プラットフォームの論理は、メディア環境を新自由主義のイデオロギーによって規定することで、ニュース文化のレジームの危機と民主主義の危機とを節合させる。新自由主義の進展が民主主義の危機を促進するという点については第五章で論じた。新自由主義は「市場」や「企業経営」の論理によって公的、私的領域を意味づけ直し、人々の意識や社会生活そのものを変容させてきた。その結果、民主主義を支えてきた文化や組織が形骸化し、ポストデモクラシーが進展してきたのである。

新自由主義は今日、国政、職場、法制、教育、文化、そして日常の活動の膨大な範囲に遍在しており、民主主義の構成要素のあきらかに政治的な性質、意味、作用を、経済的なものに転換させる。……（略）……新自由主義化は、民主主義的な正義の政治原理を経済的な語彙に置き換え、国家そのものを企業のモデルに基づいた国民の管理者に変容させるし、民主主義的シティズンシップや人民主権でさえ、その内容の大部分を空洞化する（ブラウン 二〇一五＝二〇一七：九、三一–三二）。

この指摘に基づくならば、民主主義のレジームの維持に寄与してきたニュース文化もまた、「経済的な語彙」に置き換えられる。アテンション・エコノミーのニュース文化への浸透はその典型である。

その結果、ニュースが社会共通の参照点としての役割を果たしえない状況が生じている。民主主義は対立や抗争をその構成原理とすると同時に、公的出来事に関する情報や経験の共有、あるいは共感を必要とする。そしてそれを可能にするのが公的な出来事を伝えるニュースであり、それに基づく対話、意見の交換、議論といったコミュニケーションである（Couldry 2017: 28）。しかしながらメディア環境の変化と新自由主義化、そしてそれに基づくニュースの送り手と受け手双方のメディア実践の変化は分断や個人化を促進し、民主主義を可能にする条件である情報や経験の共有やコミュニケーションを困難にしている。

民主主義をめぐる情報環境は将来的に、個々人にとって身近な問題に関する豊富な情報によって絶え間なく充たされるものになるかもしれない。そうした情報の流れはしばしば〔災害のような〕大きなニュースのスペクタクルや〔スキャンダルのような〕好奇心を喚起するような話題によって中断されることもあるだろう。だが、人々を共通の公的世界へと導くような参照点の役割を果たす情報の共有はますます先細っていくであろう。つまり、…（略）…「公的なつながり」のための資源は不足することになるのである（Couldry 2017: 29）。

このように現代のメディア環境において、ニュース文化のレジームの危機と民主主義の危機は相互に関連している。しかし、それは多くの場合、広範に意識されることはない。人々は自らが「ニュース」とみなす情報を通じて「中心」にアクセスしているという神話を持ち続けているからである。ただし、先述の通り、それは異質な「他者」を排除した閉鎖的で狭い範囲での「我々」にとっての中心である。そしてそうしたメディア実践は、人々と共通の公的世界との結びつきを弱め、ポストデモクラシー状況の一層の進展をもたらす。日常の中で進展する危機をめぐり、批判的コミュニケーション論に基づくニュースの政治社会学がニュースの再生について検討すべき理由は、まさにこのニュース文化のレジームの危機が民主主義の危機と連動するという点にある。

4―2 「聴くこと」のニュース文化

(1) 日常における「政治的なもの」の活性化

それでは、ニュース文化の再生はどのように展望しうるのだろうか。最後に、ラディカル・デモクラシーへの批判とメディアの社会理論を手がかりに、「声」と「聴くこと」という仮説的な概念を検討したい。これはメディア実践の中にニュース文化の再生＝「解放の論理」を見出すための試論である。

その取り組みとして第一に、ラディカル・デモクラシーが「非日常」を強調し、日常の中にある解放のポテンシャルに注目してこなかった点を批判したアレッタ・ノーバルの議論を参照する。

ポスト構造主義［に基づくラディカル・デモクラシー］は、政治的なものの契機、すなわちレジームの制度化の観点から通常理解されるものと、政治の日常的なルーティンとをきわめて明確に区分し、前者を重視し、後者を軽視する傾向が強い。…（略）…この傾向はポスト構造主義的な民主主義理論にとって、深刻な否定的帰結をもたらすことになる。つまり、規範的な問いを括弧で括り、転位や中断としての政治的なものを過度に強調することである。その結果、現行の民主主義的な政治の文法は分析対象とならず、理論化もされないままにとどまってしまう（Norval 2007: 11-12）。

ラディカル・デモクラシーには「ラディカルな破壊の瞬間」（例えば革命や恐慌、戦争のような「重大な事件・出来事」、あるいはそうした状況下で登場する「英雄的」政治主体）に「政治的なもの」の契機を見出そうとする傾向がある。それに対してノーバルはすでに確立された民主主義のレジームの内部に「政治的なもの」を発見することの意義を強調する（Norval 2007: 118, 185）。

ノーバルが着目するのは、日常の民主主義を編成する「文法」[7]である。日常的な民主主義の文法に基づいた相互作用は「述べることができる範囲」や「行うことができる範囲」を確定する。しかしこの民主主義の文法の体系は可変的なものでもある。ノーバルは相互作用を通じた民主主義の文法の変化が「あるものを眺める新しい方法」をもたらす契機が重要であると主張する（Norval 2007: 118）。つまり、それこそが「政治的なもの」が活性化し、「解放の論理」が生成する契機である。こうした視座からノーバルは日常的な民主主義的文法に基づく相互作用の中から「新しい眺め方」を可能にする条件、そしてそれを担う実践や主体について検討している。

この議論はニュース文化の再生を考えるうえで示唆に富む。すなわち、徐々に進展する危機の中で

「ラディカルな破壊の瞬間」の到来を待つ代わりに、そうした日常の中に民主主義的な文法やメディア実践の文法をめぐる「新しい眺め方」を見出すことが、ニュース文化の再生に通じるのである。

(2)「声」と「聴くこと」

したがって、ニュース文化再生のための手がかりの第二は、「新しい眺め方」をもたらしうる要素をニュース文化を構成するものの中に見出せるかを探究することである。ここではメディアの社会理論における「声」をめぐる理論的考察に注目する。この議論は、クドリーによって提唱された（Couldry 2010）。クドリーのメディアの社会理論は本書においてこれまでも参照してきた。ただし、クドリーの「声」をめぐる議論はニュースやジャーナリズムを中心的なテーマとしていない。また、この議論は今日のメディア環境を構成するプラットフォームが本格的に台頭する以前のものである。それにもかかわらず、「声」概念の理論的考察に注目する理由として次の二点を挙げておきたい。

第一は、「声」という概念が民主主義を深化させる潜在力を持つメディア実践として理解しうる点である。そして第二に、他方でそのポテンシャルが新自由主義のヘゲモニーのもとで制約されていると論じられている点である。したがって、この概念を本章の問題意識から捉えることによって、ニュース文化の再生のための理論的検討を試みる。

クドリーにとって、「声」とは「自分自身に関して説明すること」と理解される（Couldry 2010: 3）。すなわち、自分自身や自らの生活、そしてそれらの基盤となる世界について語ること、あるいは物語を提供することを指す（Couldry 2010: 7）。そしてこの「自分自身に関する説明」が自己アイデンティティを構築する過程であるだけでなく、他者との関係性を構築する過程でもある点が強調される。つまり、「声」は他者に対して語りかけ、あるいは応答し、それらを通じて他者と世界を共有する過程でもある。この点において、「声」は「価値」としても捉えられる。すなわち、自身と他者の「声」を承認し、尊重し、可能とするような枠組みを条件づけることが主体と社会に対して要請されるのである(8)。

このように「声」は民主主義を深化させる可能性を持つ言説実践として捉えられる。しかし、新自由主義のヘゲモニーはこうした「声」の価値を制約し、否定する(Couldry 2010: vi)。なぜならば、新自由主義は社会生活や政治的な抗争を市場原理の観点から意味づけ直すからである(Couldry 2010: 147)。新自由主義は「声」の多様性そのものは否定しない。しかし、それは経済や消費の次元で尊重されるものであり、政治的な次元における「声」の多様性はむしろ抑圧されることになる。

したがって、クドリーは「声」の価値を取り戻すための理論的考察に取り組む。その中で示される概念の一つが「聴くこと(listening)」である。「聴くこと」は「声の相互作用の次元」を活性化させる。第一に、「聴くこと」は新しい「声」や、これまで沈黙を余儀なくされていた「声」の存在を承認する(Couldry 2010: 145)。しかし、そうした姿勢は「多様な声」の容認にとどまらない。すなわち、第二に「聴くこと」は「世界の共有」につながり、新たな関係性の構築を可能にする(Couldry 2010: 146)。そして「聴くこと」を通じて通常は互いに直接関係性を持たない「声」およびその担い手の間に新たな関係性が構築されるのである。こうした「聴くこと」という実践は、新自由主義において抑圧された「声」の価値を解放する可能性を持つと言える。つまり、先のノーバルの議論と重ね合わせるならば、「聴くこと」は「声」をめぐる日常的な文法の変化を生じさせる「新しい眺め方」を活性化させる条件となりうるのである。

このクドリーの理論的考察がニュース文化の再生をめぐる本章の関心にとって示唆に富むのは、「聴くこと」が「声」をめぐるメディア実践の政治に「新しい眺め方」をもたらしうる、という点である。「声」をメディア実践として捉えた場合、デジタルメディア環境は「声をあげる」条件を促進する側面を持つ。ハッシュタグ・アクティビズムが典型的に示すように、それは民主主義を活性化させるものとさえ理解されている。しかし、その結果もたらされる「声」の複数化そのものは、新自由主義やポストデモクラシー、そしてプラットフォームが編成する今日のヘゲモニックな社会的論理を変容させる力を持たない。むしろ、そのヘゲモニーに回収されてしまう。さらにはそうした「声をあげる」文化はしばしば「他者の声を聴かない」文化へと転化し、「声」の相互作用や連帯を阻む機能を果たしうる。したがって、「聴くこと」が今日のメディア環境における「声」の価値を取り戻す「新しい眺め方」をもたらしうる点はきわめて重要である。

以上の考察から、「聴くこと」をニュース文化再生のための概念として位置づけ直すことの意義が明らかになった。言うまでもなく、「聴くこと」はニュース文化のレジームを構成する中心的なメディア実践の一つである。そしてジャーナリズムの世界でも「声を聴くこと」それ自体は重視されてきた。そうした点を踏まえつつも、この概念をニュース文化のレジームにとって「新しい眺め方」をもたらしうるメディア実践として再構築し、それを通じて「ニュース」や「ジャーナリズム」を問い直す取り組みが求められる。新たなメディア実践としての「聴くこと」はまず、ジャーナリストたちの制度化され、儀礼化されたニュース生産過程を刷新させる。ここから例えば、新たな取材の方法、情報源との関係、外部の組織やアクターとの協働の仕方の構想が可能になる。また、権力監視や批判といったジャーナリズムの役割の正統性の回復につなげていくことが期待される。

ただし、本章のこれまでの議論から明らかなように、それ以上に重要なのは、この概念が既存のニュースメディアの世界にとどまらず、幅広い社会で共有されたメディア実践だという点である。つまり、「聴くこと」に基づいた新たなジャーナリズムのメディア実践が一般の人々の「声をあげる」文化や、「聴く」文化に「新しい眺め方」を提供する場合、それはデジタルメディア環境のメディア実践の規範を形成する。そしてそれが民主主義的なコミュニケーションの文化そのものを変容しうるようなメディア実践になるとき、ニュース文化の再生は、ポストデモクラシーを乗り越えるための広範なプロジェクトへと発展しうるのである。それこそが「ニュースをめぐるメディア実践の政治」から導き出されるニュース文化の再生のための戦略にほかならない。

〔注〕

(1) 日本の近代化の過程でジャーナリズムがマス・メディアによって担われる組織的過程や制度とみなされるようになっていく経緯については鶴見(一九六五)に詳しい。また、番記者や政局報道という日本の政治報道の特徴は、ニュース文化が五五年体制という政治的文脈の中から形成されてきたことを説明する要素となる。

(2) クドリーは「社会」がもはや国民国家というスケールに限定することはできないと強調する(クドリー 二〇一二=二〇一八:一一二)。そして「社会」の秩序は多層的なレベルで捉えられている。したがって、ラディカル・デモクラシーの言説理論における「レジーム」と同様、クドリーの議論における「社会秩序」としてニュース文化を想定することは妥当である。

（3）クドリー自身、ラクラウの「社会的なもの」に注目し、検討している。詳細はCouldry（2008）を参照のこと。

（4）二〇一〇年代半ばごろから巨大プラットフォームの総称として「GAFA」という呼び名がしばしば用いられてきた。なお、二〇二二年三月現在、フェイスブック社は「メタ」へ社名を変更した。

（5）なお、同調査によると新聞社自身が運営するニュースサイトの利用は無料版が一・九%→二・七%、有料版が〇・三%→〇・七%ときわめて低い割合にとどまっている（総務省情報通信政策研究所 二〇二一：七一）。

（6）とくに橋下徹（@hashimoto_lo）の二〇一三年五月一五日から一七日のツイートを参照のこと。

（7）ノーバルの議論は、ウィトゲンシュタインの「文法」概念を再検討することで、ラクラウの言説理論を独自に発展させたものである。

（8）ここでクドリーはジュディス・バトラーに依拠しつつ議論を展開する。主体が自分自身を「十全に」説明することは究極的には不可能である。それは「語る」という行為そのものに起因すると同時に、政治的、社会的、経済的、文化的諸条件および権力関係によって影響されるからである。しかし、それにもかかわらず、主体は他者との応答可能性において「自分自身を説明する」責任を有するのである（バトラー 二〇〇五＝二〇〇八）。

あとがき

現代社会や民主主義について考えるうえで、なぜ「ニュース」と呼ばれる情報に注目し、それを分析することが重要なのか。本書はこの問いについて批判的アプローチから検討してきた。本書の探究によって得られた知見を最後に簡単に確認したい。

第一に、ニュースをめぐるメディア実践は政治的意味作用を持つ。ニュースの生産や消費、さらにはデジタル化に伴ってますます多様化するニュースをめぐるメディア実践は、ある局面においては社会秩序の維持や再生産に寄与し、別の状況においてはそうした秩序に対する異議申し立てを活性化させ、新たな政治的主体を構築する。現代の政治的出来事の多くはメディアを介して経験され、とくにニュースを通じてアクセスされる。したがって、ニュースは社会における「政治的なもの」の力学を理解する重要な手がかりとなる。

第二に、そうした政治的意味作用を成り立たせてきた諸前提が今日、急速に流動化しつつある。それは伝統的メディアによって確立されたニュース文化のレジームが危機に直面していることと関わっている。ニュース文化のレジームの危機は、直接的にはデジタル化に起因する部分が大きいものの、より広範な民主主義の危機とも密接に連関している。したがって、ニュースを取り巻く環境、そしてニュースをめぐるメディア実践の変化を分析することは、現代的な危機診断の手がかりとなる。

第三に、一連の分析における批判的アプローチの有効性が確認された。批判的アプローチは政治理論や社会理論を積極的に参照することで、従来のニュース研究やジャーナリズム研究の分析概念を刷新、洗練化しうる。また、この批判的アプローチを通じて、「声」と「聴くこと」というメディア実践の民主主義的なポテンシャルが明らかになった。ジャーナリズムの再生というプロジェクトは、ニュースとは何か、そしてニュースをめぐるメディア実践とは何かを根源的に問い直す作業から始まるのである。

本書は筆者にとって、『コミュニケーションの政治社会学――メディア言説・ヘゲモニー・民主主義』（ミネルヴァ書房、二〇一二年）に続く二冊目の単著である。前著が博士論文をもとにしたものであったのに対し、本書は慶應義塾大学メディア・コミュニケーション研究所にジャーナリズム論の専任教員として在籍した一一年間の研究成果をまとめたものである。研究所では、プロジェクト基金による共同研究を通じて沖縄問題や原発問題をめぐる報道の分析を行うことができた。また、デジタル化に関する国際的な研究プロジェクトや会議への参加は、新たなメディア環境におけるニュースやジャーナリズムについて学ぶ貴重な経験となった。さらに二〇一七年度には在外研究の機会に恵まれた。充実した研究・教育の環境を与えてくださった澤井敦所長、鈴木秀美副所長、山本信人先生をはじめとする諸先生方に改めて御礼を申し上げる。

なお、筆者は二〇二一年九月に同じ慶應義塾大学の法学部政治学科へ移籍した。本書執筆の環境を提供していただいた法学部の先生方、とくに社会学グループの皆様にも御礼申し上げたい。

前著に引き続き、恩師である大石裕先生にも感謝申し上げる。大石先生は権力概念に関わる広範な政治理論や社会理論を参照しつつ、独自のニュース研究、ジャーナリズム研究に取り組んでこられた。本書はいわば、その礎の上に成り立っている。本書が先生の開拓された研究の継承・発展に少しでも寄与できれば幸いである。そして先生のニュース研究の集大成である『ジャーナリズムとメディア言説』や『メディアの中の政治』と同じく勁草書房から出版できたことを光栄に思う。

ロンドン・スクール・オブ・エコノミクス・アンド・ポリティカルサイエンス（LSE）での在外研究では、ニック・クドリー教授とメディアの社会理論について一年間、深く議論をすることができた。この経験は自身の理論的アプローチを見直すきっかけとなった。クドリー先生にも深く感謝したい。

本書の各章は「はじめに」の初出一覧に示したように、第一章を除き基本的にこれまで発表してきた論文に大幅な加筆・修正を加えたものである。転載を許可してくださった法律文化社、ミネルヴァ書房、日本メディア学会（旧日本マス・コミュニケーション学会）、慶應義塾大学法学研究会、同メディア・コミュニケーション研究所に御礼申し上げる。

また、本書に関わる研究の発表の機会を与えてくださった皆様、とくに「多文化共生デモクラシーの社会基盤設計」のプロジェクトにお声がけいただいた九州大学の大賀哲先生に感謝したい。

勁草書房の鈴木クニエ氏と伊従文氏にも心より御礼申し上げる。お二人は、ニュースの研究がなぜ重要なのかについて、コンパクトな本にまとめたいという筆者の意向を尊重してくださり、それを形にすべくさまざまなご助言をくださった。

最後に家族に感謝の意を表したい。まずは父・修身と母・幸子に。英国からの帰国後に『朝日新聞』で始めた「メディア私評」の連載には毎回感想を伝えてくれるなど、両親からの応援は院生時代から変わらず励みになっている。

妻であり、同じメディア政治の研究者でもある三谷文栄は研究上の対話のみならず、その明るさや前向きな性格を通じて本書の執筆を支えてくれた。そして娘・冬華の誕生は、本書の完成に向けた大きな活力となった。本書は二人に捧げることにしたい。

二〇二二年六月

山腰修三

索　引

A～Z

UGC　208, 212, 216

あ　行

「新しい社会運動」論　99-100
アテンション・エコノミー　179, 226
アルゴリズム　165, 179, 191, 209-210
イデオロギー（定義）　45
意味づけをめぐる政治　3, 47-49, 67-70
エコーチェンバー　166, 191, 210, 218
「エンコーディング／デコーディング」モデル　49, 51, 53, 57, 68-69, 98
沖縄問題　123-124

か　行

解釈共同体　196-197
カテゴリー　22, 45, 75-76, 165, 171, 205-206, 214-218, 220
カルチュラル・スタディーズ　40, 45-46, 51, 76
間テクスト性　53, 76
聴くこと　5, 227, 230-232
境界線の政治　2, 4, 121, 125-129, 133, 136, 141-142, 144, 146-147, 149-154
クドリー、ニック　39, 203-204, 229-233
劇場型政治　31, 221
ゲートキーパー　16, 176
幻想的論理　63, 66-67, 84-85, 91, 93-94, 97-98, 111-113, 115-117, 126, 149-150, 199
現実の構築　11, 13
――テーゼ　11, 13
言説（定義）　59
公共圏　77, 174, 177-178, 182, 190, 192
声　227, 229-232

さ　行

社会的なもの　60-62, 64
社会的論理　63-65, 82, 84, 98, 100, 108-110, 112, 115-117, 122, 124, 126, 131-133, 150, 153, 199, 201, 205-207, 231
社会秩序　1, 3, 38-39, 74
ジャーナリズム（定義）　14
シルバーストーン、ロジャー　84
新自由主義　19, 56, 180, 186, 212, 225-226, 229-231
――的改革　179-180, 221
政治的意味作用　64
政治的なもの　2, 39-40, 60-62, 65-66, 81, 94, 98, 100, 106-118, 121, 126, 130, 136, 142, 146, 149, 183-184, 187, 199, 222-224, 227-228
政治的論理　63, 65-67, 82, 84, 98, 100, 106, 109-110, 115, 117, 126,

133, 141–142, 146, 150–152, 199, 202, 220, 222
政治制度としてのニュースメディア　3, 22, 24, 26–28, 32, 37, 40, 198
政治のメディア化　3, 28, 30–32, 37, 77
制度（定義）　23
節合（定義）　78
ソーシャルメディア　4, 12–13, 27, 33, 35, 151–152, 165, 167, 170–171, 173–174, 183, 187, 191, 209, 213, 217–218, 221–222

た　行

中心の神話　205, 214, 218
ニュースによって媒介された——　205–206, 217
メディアによって媒介された——　205
チェルノブイリ原発事故　86, 116–118
敵対性　39, 98–99, 103, 108, 110, 112–113, 115, 117, 127, 140, 147–150, 152–153, 222
等価性の連鎖　65, 78, 115, 126–127, 130, 132, 141, 149–150, 152
トランプ現象　4, 12–13, 33, 166, 169, 172–173, 175, 179, 186–187, 194, 219, 222
偽情報の秩序　173–174, 182, 188, 194, 219

な　行

ニュース（定義）　15
——の網　16
ニュース文化（定義）　196
——のレジーム　1, 5, 194, 198–209, 211–215, 217–227, 231
ニュース・バリュー　15–17, 19, 25, 30, 56, 88–89, 91, 94–95, 101–105, 109–110, 114, 132, 136, 209–210
——の定義　15
ニュースメディアの論理　30–31, 33, 41, 215
ニュースをめぐるメディア実践の政治　3–4, 43, 69, 74–75, 81, 85, 98, 116, 125, 127–128, 153, 159, 163–164, 176, 182–184, 187, 189, 194, 223, 232
能動的オーディエンス論　51
ノーバル、アレッタ　227–228, 230, 233

は　行

ハイブリッド・メディアシステム　3, 35, 37–38, 70, 72, 174
ハッシュタグ・アクティビズム　73, 231
ビッグデータ　179, 208
批判的言説分析　51–58, 69
批判的コミュニケーション論　42–48
ファクトチェック　163, 166, 173–174
フィルターバブル　166, 191, 210, 218
フェアクラフ、ノーマン　53, 55–57, 76–77
フェイクニュース　1, 4, 73, 152, 155, 160–161, 163–168, 171–173, 181, 183, 187–188, 190–192, 194, 210–211

——の定義　164
福島原発事故　81-85, 116-118
プラットフォーム（定義）　208
——の論理　208-213, 215, 225
フランクフルト学派　43, 45-46, 51
フレーム　31-32, 53, 97, 103-104, 110, 119
「冷戦」——　91-94
「平和国家」の論理　122, 132-134, 142, 147-148, 150
ヘゲモニー（定義）　47
ポスト基礎づけ主義　41, 186
ポスト真実　33, 160, 162-163, 168-169, 179, 181, 190-191
——の政治　4, 160-164, 168-179, 181-190, 192, 194
ポストデモクラシー　179-182, 185-188, 190, 225, 227, 231-232
ポピュリズム　12, 27, 31, 33, 169, 181, 187-188, 194, 219, 221-222, 224
——政治　13, 32-34, 40, 162, 221
ホール、スチュアート　49, 67, 76

ま～ら　行

マルクーゼ、ヘルベルト　43
水俣病事件（問題）　55-56, 132-133
メディア儀礼　204-205, 215
メディア実践　69-72, 199-202
メディアの社会理論　2-3, 5, 39, 42, 197, 200, 202, 204, 227, 229, 237
メディアの論理（定義）　29
メディア・レジーム　175-176, 182, 186, 188
ムフ、シャンタル　59-60
ラクラウ、エルネスト　59-60, 62-64, 77, 232-233
ラディカル・デモクラシー　39-41, 98, 100, 126, 153, 223-224, 227-228
——の言説理論　2-3, 5, 42, 58-59, 62-65, 67-70, 72-74, 121, 125-126, 176, 183, 185-186, 189, 197, 199-201, 204, 232
リスク社会論　82-83, 112, 116-117
論理（定義）　63

引用・参照文献

Ahva, Laura and Steensen, Steen (2017) "Deconstructing Digital Journalism Studies," in B. Franklin and S. A. Eldridge II (eds.) *The Routledge Companion to Digital Journalism Studies*, Routledge: 25-34.

Allan, Stuart (2010) *News Culture* (third edition), Open University Press.

———— (2013) *Citizen Witnessing: Revisioning Journalism in Times of Crisis*, Polity.

Altheide, David L. and Snow, Robert P. (1979) *Media Logic*, Sage.

Anderson, Chris W. (2019) "Journalism as Procedure, Journalism as Values," *Journalism* Vol.20 (1): 8-12.

Bennett, W. Lance (2016) *News: The Politics of Illusion* (tenth edition), University of Chicago Press.

Bennett, W. Lance and Entman, Robert M. (eds.) (2001) *Mediated Politics: Communication in the Future of Democracy*, Cambridge University Press.

Bennett, W. Lance and Livingston, Steven (2018) "The Disinformation Order: Disruptive Communication and the Decline of Democratic Institutions," *European Journal of Communication*, Vol. 33(2): 122-139.

———— (2021) "A Brief History of the Disinformation Age: Information Wars and the Decline of Institutional Authority," in W. L. Bennett and S. Livingston (eds.) *The Disinformation Age: Politics, Technology, and Disruptive Communication in the United States*, Cambridge University Press: 3-40.

Bertramsen, Rene B., Thomsen, Jens Peter F. and Torfing, Jacob (1991) "From the Problems of Marxism to the Primacy of Politics," in R. B. Bertramsen, J. P. F. Thomsen and J. Torfing, *State, Economy and Society*, Unwin Hyman: 1-34.

Boczkowski, Pablo J. and Papacharissi, Zizi (eds.) (2018) *Trump and the Media*, The MIT Press.

Carey, James W. (2009) *Communication as Culture: Essays on Media and Society* (revised edition), Routledge.

Chadwick, Andrew (2017) *The Hybrid Media System: Politics and Power* (second edition), Oxford University Press.

Chouliaraki, Lilie and Fairclough, Norman (1999) *Discourse in Late Modernity: Rethinking Critical Discourse Analysis*, Edinburgh University Press.

Cook, Timothy E. (1998) *Governing with the News: The News Media as a Political Institution*, University of Chicago Press.

——— (2006) "The News Media as a Political Institution: Looking Backward and Looking Forward," *Political Communication*, 23(2), 159–171.

Couldry, Nick (2000) *Inside Culture: Re-imagining the Method of Cultural Studies*, Sage.

——— (2004) "Theorising Media as Practice," *SOCIAL SEMIOTICS*, 14:2, 115-132.

——— (2008) "Form and Power in an Age of Continuous Spectacle," in D. Hesmondhalgh and J. Toynbee (eds.) *The Media and Social Theory*, Routledge: 161-176.

——— (2010) *Why Voice Matters: Culture and Politics after Neoliberalism*, Sage.

——— (2017) "Reconstructing Journalism's Public Rationale," in C. Peters and M. Broersma (eds.) *Rethinking Journalism Again: Societal Role and Public Relevance in a Digital Age*, Routledge: 21-34.

——— (2020) *Media, Voice, Space and Power: Essays of Refraction*, Routledge.

Curran, James (2019) "Triple crisis of journalism," *Journalism*, Vol.20 (1): 190-193.

Dahlberg, Lincoln and Phelan, Sean (eds.) (2011) *Discourse Theory and Critical Media Politics*, Palgrave Macmillan.

Dahlgren, Peter (2018) "Media, Knowledge and Trust: The Deepening Epistemic Crisis of Democracy," *Javnost-The Public*, 25: 20-27.

Delli Carpini, M. X. (2018) "Alternative Facts: Donald Trump and the Emergence of a New U. S. Media Regime," in P. J. Boczkowski and Z. Papacharissi (eds) *Trump and the Media*, The MIT Press: 17-23.

Ekström, Mats and Westlund, Oscar (2019) "The Dislocation of News Journalism: A Conceptual Framework for the Study of Epistemologies of Digital Journalism," *Media and Communication*, Vol.7 (1): 259-270.

Esser, Frank (2013) "Mediatization as a Challenge: Media Logic versus Political Logic," in H. Kriesi, S. Lavanex, F. Esser, J. Matthes, M. Bühlmann and D. Bochsler, *Democracy in the Age of Globalization and Mediatization*, Basingstoke: Palgrave Macmillan: 155-176.

Fairclough, Norman (1992) *Discourse and Social Change*, Polity.

——— (1995) *Media Discourse*, Arnold.

——— (2006) *Language and Globalization*, Routledge.

——— (2012) "Critical Discourse Analysis," in J. Paul Gee and M. Handford (eds.) *The Routledge Handbook of Discourse Analysis*, Routledge: 9-20.

Fairclough, Norman and Fairclough, Isabela (2012) *Political Discourse Analysis: A Method*

for Advanced Students, Routledge.
Farkas, Johan and Schou, Jannick (2020) *Post-Truth, Fake News and Democracy: Mapping the Politics of Falsehood*, Routledge.
Fuchs, Christian (2018) *Digital Demagogue: Authoritarian Capitalism in the Age of Trump and Twitter*, Pluto Press.
Gillespie, Tarleton (2014) "The Relevance of Algorithms," in T. Gillespie, P. J. Boczkowski and K. A. Foot (eds.) *Media Technologies: Essays on Communication, Materiality, and Society*, The MIT Press: 167-193.
Gitlin, Todd (1980) *The Whole World is Watching: Mass Media in the Making & Unmaking of the New Left*, University of California Press.
Glynos, Jason and Howarth, David (2007) *Logics of Critical Explanation in Social and Political Theory*, Routledge.
Graber, Doris A., McQuail, Denis and Norris, Pippa (1998) *The Politics of News: The News of Politics*, CQ Press.
Griggs, Steven and Howarth, David (2013) *The Politics of Airport Expansion in the United Kingdom: Hegemony, Policy and the Rhetoric of 'Sustainable Aviation,'* Manchester University Press.
Hall, Stuart (1980) "Encoding/Decoding," in S. Hall, D. Hobson, A. Lowe, and P. Willis, (eds.) *Culture, Media, Language*, Routledge:128-38.
Hallin, Daniel C. and Mancini, Paolo (2004) *Comparing Media Systems: Three Models of Media and Politics*, Cambridge University Press.
Harsin, Jayson (2015) "Regimes of Posttruth, Postpolitics, and Attention Economies," *Communication, Culture & Critique*, 8: 327-333.
Howarth, David (2000) *Discourse*, Open University Press.
——— (2013) *Poststructuralism and After: Structure, Subjectivity and Power*, Palgrave Macmillan.
Howarth, David and Griggs, Steven (2016) "Critical Discourse Theory," in H. Keman and J. J. Woldendorp (eds.) *Handbook of Research Methods and Applications in Political Science*, Edward Elgar: 400-418.
Howarth, David, Norval, Aletta J. and Stavrakakis, Yannis (eds.) (2000) *Discourse Theory and Political Analysis: Identities, Hegemonies, and Social Change*, Manchester University Press.
Howarth, David and Stavrakakis, Yannis (2000) "Introducing Discourse Theory and Political Analysis," in D. Howarth, A. J. Norval and Y. Stavrakakis (eds.) *Discourse Theory and Political Analysis: Identities, Hegemonies and Social Change*, Manchester

University Press: 1-23.

Karppinen, Kari (2008) "Media and the paradoxes of pluralism," in D. Hesmondhalgh and J. Toynbee (eds.) *The Media and Social Theory*, Routledge: 27-42.

Lundby, Knut (2009) "Media Logic: Looking for Social Interaction," in Knut Lundby (ed.) *Mediatization: Concept, Changes, Consequences*, Peter Lang Publishing Group: 101-119.

Marchart, Oliver (2007) *Post-foundational Political Thought: Political Difference in Nancy, Lefort, Badiou and Laclau*, Edinburgh University Press.

McNair, B. (2018) *Fake News: Falsehood, Fabrication and Fantasy in Journalism*, Routledge.

McQuail, Denis (2013) *Journalism and Society*, Sage.

Meijer, Irene Costera (2020) "Journalism, Audiences, and News Experience," in K. Wahl-Jorgensen and T. Hanitzsch (eds.) *The Handbook of Journalism Studies* (second edition), Routledge: 389-405.

Melucci, Alberto (1996) *Challenging Codes: Collective Action in the Information Age*, Cambridge University Press.

Meyer, Thomas (2002) *Media Democracy: How the Media Colonize Politics*, Polity.

Morley, David (1980) *The 'Nationwide' Audience: Structure and Decoding*, British Film Institute.

Norval, Aletta J. (2000) "Trajectories of Future Research in Discourse Theory," in D. Howarth, A. J. Norval and Y. Stavrakakis (eds.) *Discourse Theory and Political Analysis: Identities, Hegemonies and Social Change*, Manchester University Press: 219-236.

——— (2007) *Aversive Democracy: Inheritance and Originality in the Democratic Tradition*, Cambridge University Press.

O'Sullivan, Tim, Hartley, John, Saunders, Danny, Montgomery, Martin and Fiske, John (1994) *Key Concepts in Communication and Cultural Studies*, Routledge.

Paul Gee, James and Handford, Michael (eds.) (2014) *The Routledge Handbook of Discourse Analysis*, Routledge.

Paulussen, Steve, Harder, Raymond A. and Johnson, Michiel (2017) "Facebook and News Journalism," in B. Franklin and S. A. Eldrige Ⅱ (eds.) *The Routledge Companion to Digital Journalism Studies*, Routledge: 127-135.

Phelan, Sean (2014) *Neoliberalism, Media and the Political*, Palgrave Macmillan.

Phelan, Sean and Dahlberg, Lincoln (2011) "Discourse Theory and Critical Media Politics," in L. Dahlberg and S. Phelan (eds.) *Discourse Theory and Critical Media Politics*, Palgrave: 1-40.

Poell, Thomas and van Dijck, José (2015) "Social Media and Journalistic Independence," in J. Bennett and N. Strange (eds.) *Media Independence: Working with Freedom or Working for Free?*, Routledge: 182-201.

Ryfe, David (2019) "The Ontology of Journalism," *Journalism*, Vol.20 (1): 206-209.

Schudson, Michael (1978) *Discovering the News: A Social History of American Newspapers*, Basic Books.

——— (1989) "The Sociology of News Production," *Media, Culture & Society*, Vol.11 (3): 263-282.

——— (2002) "The News Media as Political Institutions," *Annual Review of Political Science* 5 (1):249-269.

——— (2005) "Four Approaches to the Sociology of News, " in Curran, James and Gurevitch, Michael (eds.) *Mass Media and Society*, 4th revised edition, Hodder Arnold: 172–197.

Steensen, Steen (2019) "Journalism's Epistemic Crisis and its Solution: Disinformation, Datafication and Source Criticism," *Journalism*, Vol.20 (1):185–189

Steensen, Steen and Westlund, Oscar (2021) *What is Digital Journalism Studies?*, Routledge.

Stephens, Mitchell (2007) *A History of News* (third edition), Oxford University Press.

Strömbäck, Jesper and Esser, Frank (2009) "Shaping Politics: Mediatization and Media Interventionism," in K. Lundby (ed.) *Mediatization: Concept, Changes, Consequences*, Peter Lang Publishing Group: 205-223.

Torfing, Jacob (1999) *New Theories of Discourse: Laclau, Mouffe, and Žižek*, Blackwell Publishers.

van Dijk, Teun A. (1985) "Introduction: Discourse Analysis in (Mass) Communication Research," in T. A. van Dijk (ed.) *Discourse and Communication: New Approaches to the Analyses of Mass Media Discourse and Communication*, de Gruyter: 1-9.

——— (1988) *News As Discourse*, Routledge.

——— (1998) *Ideology: A Multidisciplinary Approach*, Sage.

White, David Manning (1950) "The 'Gate Keeper': A Case Study in the Selection of News," *Journalism Quarterly*, 27: 383–391.

Williams, B. W. and Delli Carpini, M. X. (2011) *After Broadcast News: Media Regimes, Democracy, and the New Information Environment*, Cambridge University Press.

Wodak, Ruth and Forchtner, Bernhard (eds.) (2018) *The Routledge Handbook of Language and Politics*, Routledge.

Zelizer, Barbie (2004) *Taking Journalism Seriously: News and the Academy*, Sage.

Zelizer, Barbie and Allan, Stuart (2010) *Keywords in News and Journalism Studies*, Open University Press.

アジア・パシフィック・イニシアティブ（2020）『新型コロナ対応民間臨時調査会　調査・検証報告書』ディスカヴァー・トゥエンティワン。

明田川融（2008）『沖縄基地問題の歴史：非武の島、戦の島』みすず書房。

アドルノ，テオドール／ホルクハイマー，マックス（1947＝2007）『啓蒙の弁証法：哲学的断想』（徳永恂訳）岩波書店。

新崎盛暉（1968）「沖縄『問題』の二十余年」中野好夫編『沖縄問題を考える』太平選書：15-49。

―――（2005）『新版沖縄現代史』岩波書店。

―――（2016）『日本にとって沖縄とは何か』岩波書店。

有賀弘・阿部斉・斎藤眞（1994）『政治：個人と統合（第 2 版）』東京大学出版会。

アルチュセール，ルイ（1995＝2005）『再生産について：イデオロギーと国家のイデオロギー諸装置』（西川長夫・伊吹浩一ほか訳）平凡社。

アーレント，ハンナ（1968＝1974）『全体主義の起源 3　全体主義』（大久保和郎・大島かおり訳）みすず書房。

―――（1968＝1994）「真理と政治」『過去と未来の間』（引田隆也・齋藤純一訳）みすず書房：307-360。

イーグルトン，テリー（1991＝1999）『イデオロギーとは何か』（大橋洋一訳）平凡社。

石田雄（1989）『日本の政治と言葉（下）：「平和」と「国家」』東京大学出版会。

伊藤昌亮（2019）『ネット右派の歴史社会学：アンダーグラウンド平成史 1990-2000 年代』青弓社。

伊藤守編（2019）『コミュニケーション資本主義と〈コモン〉の探求：ポスト・ヒューマン時代のメディア論』東京大学出版会。

伊藤るり（1993）「〈新しい社会運動〉論の諸相と運動の現在」山之内靖ほか編『システムと生活世界』岩波書店：121-157。

ウィトゲンシュタイン，ルートヴィヒ（1953＝1976）『哲学探究（ウィトゲンシュタイン全集 8）』（藤本隆志訳）大修館書店。

遠藤薫（2018）「ポスト・トゥルース時代のフェイクニュース」遠藤薫編『ソーシャルメディアと公共性：リスク社会のソーシャル・キャピタル』東京大学出版会：205-235。

大石裕（2005）『ジャーナリズムとメディア言説』勁草書房。

―――（2012）「メディアと市民意識：戦後日本社会を中心に」大石裕編『戦後

日本のメディアと市民意識：「大きな物語」の変容』ミネルヴァ書房：1-43。

———（2014）『メディアの中の政治』勁草書房。

———（2022）『コミュニケーション研究：社会の中のメディア（第5版）』慶應義塾大学出版会。

大嶽秀夫（2006）『小泉純一郎 ポピュリズムの研究：その戦略と手法』東洋経済新報社。

逢坂巌（2014）『日本政治とメディア：テレビの登場からネット時代まで』中央公論新社。

大田昌秀（1982）「本土の沖縄報道に発想の逆転を望みたい」『新聞研究』1982年6月号：49-52。

沖縄県編（1996）『沖縄苦難の現代史：代理署名拒否訴訟準備書面より』岩波書店。

沖縄タイムス社編（1996）『50年目の激動：総集沖縄・米軍基地問題』沖縄タイムス社。

小野百合子（2010a）「60年安保闘争と『沖縄問題』」加藤哲郎・今井晋哉・神山伸弘編『差異のデモクラシー』日本経済評論社：203-223。

———（2010b）「『沖縄軍用地問題』に対する本土側の反響の考察：日本社会と『沖縄問題』の出会い／出会い損ない」『沖縄文化研究』36：317-358。

カクタニ，ミチコ（2018＝2019）『真実の終わり』（岡崎玲子訳）集英社。

烏谷昌幸（2012）「戦後日本の原子力に関する社会認識：ジャーナリズム研究の視点から」大石裕編『戦後日本のメディアと市民意識：「大きな物語」の変容』：183-240。

清原聖子（2019）「フェイクニュースに震撼するポスト・トゥルース時代の民主主義」清原聖子編『フェイクニュースに震撼する民主主義：日米韓の国際比較研究』大学教育出版。

クドリー，ニック（2012＝2018）『メディア・社会・世界：デジタルメディアと社会理論』（山腰修三監訳）慶應義塾大学出版会。

クラウス，エリス（2000＝2006）『NHK vs 日本政治』（後藤潤平訳）東洋経済新報社。

クラウチ，コリン（2004＝2007）『ポスト・デモクラシー：格差拡大の政策を生む政治構造』（山口二郎監修・近藤隆文訳）青灯社。

倉橋耕平（2019）「ネット右翼と参加型文化：情報に対する態度とメディア・リテラシーの右旋回」樋口直人ほか『ネット右翼とは何か』青弓社：104-132。

栗原彬（2005）『「存在の現れ」の政治：水俣病という思想』以文社。

河野啓・小林利行（2012）「復帰40年の沖縄と安全保障：「沖縄県民調査」と

「全国意識調査」から」『放送研究と調査』2012 年 7 月号：2-31。

小林直毅編（2007）『「水俣」の言説と表象』藤原書店。

斉藤孝信・平田明裕・内堀諒太（2021）「多メディア時代における人々のメディア利用と意識：『全国メディア意識世論調査・2020』の結果から」『放送研究と調査』2021 年 9 月号：2-41。

笹原和俊（2018）『フェイクニュースを科学する：拡散するデマ、陰謀論、プロパガンダのしくみ』化学同人。

笹本征男（1999）「チェルノブイリ原発事故と日本への影響」後藤邦夫・吉岡斉編『通史日本の科学技術　第 5 − I 巻　国際期 1980-1995』学陽書房：279-291。

サミュエルズ，リチャード J.（2013＝2016）『3.11 震災は日本を変えたのか』（プレシ南日子・廣内かおり・藤井良江訳）英治出版。

サンスティーン，キャス（2001＝2003）『インターネットは民主主義の敵か』（石川幸憲訳）毎日新聞社。

――――（2017＝2018）『#リパブリック』（伊達尚美訳）勁草書房。

塩田幸司（2007）「憲法改正論議と国民の意識」『放送研究と調査』2007 年 12 月号：72-80。

シーバート，フレデリック S. ほか（1956＝1959）『マス・コミの自由に関する四理論』（内川芳美訳）東京創元社。

シュトレーク，ヴォルフガング（2013＝2016）『時間かせぎの資本主義：いつまで危機を先送りできるか』（鈴木直訳）みすず書房。

シュトレムベック，イェスパー／エッサー，フランク（2014＝2018）「政治のメディア化：理論的枠組みに向けて」（逢坂巌訳）『研究所年報』第 35 号：111-154。

白石草（2011）『メディアをつくる：「小さな声」を伝えるために』岩波書店。

白崎護（2020）「フェイクニュースとメディア環境」『関西外国語大学研究論集』第 112 号：331-349。

シルバーストーン，ロジャー（2007＝2014）「現れの空間としてのメディアポリス」（藤田結子訳）伊藤守・毛利嘉孝編『アフター・テレビジョン・スタディーズ』せりか書房：90-108。

杉田敦（2005）『境界線の政治学』岩波書店。

瀬川至朗（2011）「原発報道は『大本営発表』だったか 朝・毎・読・日経の記事から探る」『ジャーナリズム』No.255：28-39。

総務省情報通信政策研究所（2021）『令和 2 年度　情報通信メディアの利用時間と情報行動に関する調査』。

総理府（1987）「原子力に関する世論調査」内閣総理大臣官房広報室。

平和博（2017）『信じてはいけない：民主主義を壊すフェイクニュースの正体』朝日新書。

高田昭彦（1990）「反原発ニューウェーブの研究」『成蹊大学文学部紀要』26号：131-188。

ダグラス・ラミス，チャールズ（2020）『要石：沖縄と憲法 9 条』晶文社。

田島恵美（1999）「エコロジー運動とジェンダー的視点」後藤邦夫・吉岡斉編『通史日本の科学技術　第 5 － II 巻　国際期 1980-1995』学陽書房：963-975。

高橋順子（2005）「『復帰』をめぐる企て：『沖縄病』に表れた沖縄受容の作法」北田暁大・野上元・水溜真由美編『カルチュラル・ポリティクス 1960 ／ 70』せりか書房：173-197。

高橋磌一（1956）「闘いの記」『世界』1956 年 12 月号：177-188。

高橋哲哉（2012）『犠牲のシステム福島・沖縄』集英社。

タックマン，ゲイ（1978＝1991）『ニュース社会学』（鶴木眞・櫻内篤子訳）三嶺書房。

田畑真一・玉手慎太郎・山本圭編（2019）『政治において正しいとはどういうことか：ポスト基礎付け主義と規範の行方』勁草書房。

鶴見俊輔（1965）「ジャーナリズムの思想」鶴見俊輔編『ジャーナリズムの思想（現代日本思想体系 12）』筑摩書房：7-46。

中野好夫（1956）「その根は深い」『世界』1956 年 12 月号：159-162。

――――（1968）「沖縄はなぜわたしたちの問題であらねばならないか」中野好夫編『沖縄問題を考える』太平選書：7-14。

中野好夫・新崎盛暉（1976）『沖縄戦後史』岩波書店。

ナンシー，ジャン＝リュック（2012＝2012）『フクシマの後で：破局・技術・民主主義』（渡名喜庸哲訳）以文社。

長谷川公一（1991）「反原子力運動における女性の位置：ポスト・チェルノブイリの『新しい社会運動』」『レヴァイアサン』8 号：41-58。

バトラー，ジュディス（2005＝2008）『自分自身を説明すること：倫理的暴力の批判』（佐藤嘉幸・清水知子訳）月曜社。

ハーバーマス，ユルゲン（1990＝1994）『公共性の構造転換：市民社会の一カテゴリーについての探究（第 2 版）』（細谷貞雄・山田正行訳）未來社。

林香里（2017）『メディア不信：何が問われているのか』岩波書店。

パリサー，イーライ（2011＝2016）『フィルターバブル：インターネットが隠していること』（井口耕二訳）早川書房。

ハリデー，マイケル・アレクサンダー・カークウッド（1994＝2001）『機能文法

概説：ハリデー理論への誘い』（山口登・筧寿雄訳）くろしお出版。
広瀬隆（1989）『新版 危険な話』新潮社文庫。
ファクラー, マーティン（2012）『「本当のこと」を伝えない日本の新聞』双葉社。
フィスク, ジョン（1987＝1996）『テレビジョンカルチャー：ポピュラー文化の政治学』（伊藤守ほか訳）梓出版社。
フェアクラフ, ノーマン（2001＝2008）『言語とパワー』（貫井孝典ほか訳）大阪教育図書。
ブラウン, ウェンディ（2015＝2017）『いかにして民主主義は失われていくのか：新自由主義の見えざる攻撃』（中井亜佐子訳）みすず書房。
ブロナー, スティーヴン・エリック（2017＝2018）『フランクフルト学派と批判理論：〈疎外〉と〈物象化〉の現代的地平』（小田透訳）白水社。
ベック, ウルリッヒ（1986＝1998）『危険社会：新しい近代への道』（東廉・伊藤美登里訳）法政大学出版会。
ホール, スチュアート（1982＝2002）「イデオロギーの再発見：メディア研究における抑圧されたものの復活」（藤田真文訳）大石裕・谷藤悦史編『リーディングス政治コミュニケーション』一藝社：215-248。
――――（1996 ＝ 1998）「イデオロギーという問題：保証なきマルクス主義」『現代思想 3 月臨時増刊総特集スチュアート・ホール』（大中一彌訳）青土社：44-65。
ホルクハイマー, マックス（1937＝1998）『批判的理論の論理学：非完結的弁証法の探求』（角忍・森田数実訳）恒星社厚生閣。
本田宏（2005）『脱原子力の運動と政治：日本のエネルギー政策の転換は可能か』北海道大学図書刊行会。
毎日新聞社編（1996）『岩波書店と文藝春秋：「世界」・「文藝春秋」に見る戦後思潮』毎日新聞社。
毎日新聞「桜を見る会」取材班（2020）『汚れた桜：「桜を見る会」疑惑に迫った49 日』毎日新聞出版。
前嶋和弘（2019）「危機に瀕するアメリカのメディア：歴史的にみる『メディアの分極化』の前と後」前嶋和弘・山脇岳志・津山恵子編『現代アメリカ政治とメディア』東洋経済新報社：1-43。
マクウェール, デニス（2005＝2010）『マス・コミュニケーション研究』（大石裕監訳）慶應義塾大学出版会。
マーチ, ジェームス G.／オルセン, ヨハン P.（1989＝1994）『やわらかな制度：あいまい理論からの提言』（遠田雄志訳）日刊工業新聞社。
マッキンタイア, リー（2018＝2020）『ポストトゥルース』（大橋完太郎監訳）人

文書院。

マルクーゼ，ヘルベルト（1964＝1974）『一次元的人間：先進産業社会におけるイデオロギーの研究』（生松敬三・三沢謙一訳）河出書房新社。

道場親信（2006）「軍事化・抵抗・ナショナリズム：砂川闘争 50 年から考える」『現代の理論』第 6 号：72-91。

ミュデ，カス／ロビラ・カルトワッセル，クリストバル（2017＝2018）『ポピュリズム：デモクラシーの友と敵』（永井大輔・髙山裕二訳）白水社。

ムフ，シャンタル（2000＝2006）『民主主義の逆説』（葛西弘隆訳）以文社。

―――（2005＝2008）『政治的なものについて：闘技的民主主義と多元主義的グローバル秩序の構築』（篠原雅武訳・酒井隆史監訳）明石書店。

―――（2018＝2019）『左派ポピュリズムのために』（山本圭・塩田潤訳）岩波書店。

メルッチ，アルベルト（1989＝1997）『現在に生きる遊牧民：新しい公共空間の創出に向けて』（山之内靖ほか訳）岩波書店。

百木漠（2018）「アーレント『政治における嘘』論から考える公文書問題」『現代思想』第 46 巻第 10 号：190-198。

―――（2019）「ポスト・トゥルース」『現代思想』第 47 巻第 6 号：100-105。

モンク，ヤシャ（2018＝2019）『民主主義を救え！』（吉田徹訳）岩波書店。

山腰修三（2012a）『コミュニケーションの政治社会学：メディア言説・ヘゲモニー・民主主義』ミネルヴァ書房。

―――（2012b）「沖縄問題と市民意識」大石裕編『戦後日本のメディアと市民意識：「大きな物語」の変容』ミネルヴァ書房：121-149。

―――（2013）「『放送の公共性』再考：メディア環境の変容と公共圏概念の展開」『法学研究』第 86 巻第 7 号：165-190。

―――（2016）「チェルノブイリ原発事故報道とメディアの政治学」『法学研究』第 89 巻 2 号：239-260。

山田健太（2018）『沖縄報道：日本のジャーナリズムの現在』筑摩書房。

山本圭（2016）『不審者のデモクラシー：ラクラウの政治思想』岩波書店。

―――（2020）『アンタゴニズムス：ポピュリズム〈以後〉の民主主義』共和国。

吉岡斉（2011）『新版　原子力の社会史：その日本的展開』朝日選書。

ラクラウ，エルネスト（1990＝2014）『現代革命の新たな考察』（山本圭訳）法政大学出版局。

―――（1996＝2002）「脱構築・プラグマティズム・ヘゲモニー」（青木隆嘉訳）シャンタル・ムフ編『脱構築とプラグマティズム：来たるべき民主主義』法政大学出版局：91-130。

———（2000＝2002a）「アイデンティティとヘゲモニー」ジュディス・バトラー，エルネスト・ラクラウ，スラヴォイ・ジジェク『偶発性・ヘゲモニー・普遍性：新しい対抗政治への対話』（竹村和子・村山敏勝訳）青土社：67-121。

———（2000＝2002b）「構造・歴史・政治」ジュディス・バトラー，エルネスト・ラクラウ，スラヴォイ・ジジェク『偶発性・ヘゲモニー・普遍性：新しい対抗政治への対話』（竹村和子・村山敏勝訳）青土社：245-282。

———（2000＝2002c）「普遍性の構築」ジュディス・バトラー，エルネスト・ラクラウ，スラヴォイ・ジジェク『偶発性・ヘゲモニー・普遍性：新しい対抗政治への対話』（竹村和子・村山敏勝訳）青土社：371-403。

———（2005＝2018）『ポピュリズムの理性』（澤里岳史・河村一郎訳）明石書店。

ラクラウ，エルネスト／ムフ，シャンタル（1985＝2012）『民主主義の革命：ヘゲモニーとポスト・マルクス主義』（西永亮・千葉眞訳）筑摩書房。

———（1987＝2014）「釈明なきポスト・マルクス主義」エルネスト・ラクラウ『現代革命の新たな考察』（山本圭訳）法政大学出版会：150-202。

ランシエール，ジャック（1995＝2005）『不和あるいは了解なき了解：政治の哲学は可能か』（松葉祥一・大森秀臣・藤江成夫訳）インスクリプト。

リップマン，ウォルター（1922＝1987）『世論（上・下）』（掛川トミ子訳）岩波書店。

琉球新報社編集局編著（2017）『これだけは知っておきたい　沖縄フェイク（偽）の見破り方』高文研。

「特集〈ポスト真実〉時代のメディア・知性・歴史」『談』No. 109、2017年109号。

著者略歴

慶應義塾大学法学部教授。慶應義塾大学大学院法学研究科政治学専攻博士課程単位取得退学。博士（法学）。

主要業績：『コミュニケーションの政治社会学——メディア言説・ヘゲモニー・民主主義』（ミネルヴァ書房、2012年）、『戦後日本のメディアと原子力問題——原発報道の政治社会学』（編著、ミネルヴァ書房、2017年）、ニック・クドリー『メディア・社会・世界——デジタルメディアと社会理論』（監訳、慶應義塾大学出版会、2018年）など。

ニュースの政治社会学
メディアと「政治的なもの」の批判的研究

2022年８月30日　第１版第１刷発行

著　者　山《やま》　腰《こし》　修《しゅう》　三《ぞう》

発行者　井　村　寿　人

発行所　株式会社　勁《けい》　草《そう》　書　房

112-0005 東京都文京区水道2-1-1　振替 00150-2-175253
（編集）電話 03-3815-5277／FAX 03-3814-6968
（営業）電話 03-3814-6861／FAX 03-3814-6854
堀内印刷所・松岳社

ISBN978-4-326-35188-6　Printed in Japan